民話の世界

松谷みよ子

講談社学術文庫

目次

第三部

民話の世界

第一部　民話との出会い——山を越えて

1　民話との出会い

たった一つの思い出

ふり返ってみて、私には幼い日、昔話を語ってもらったという記憶がない。わらべ唄をうたって遊んだ記憶はあるけれど、父や母、祖母などに、「むかしむかし、あるところに」と語ってもらったというような記憶はまったくないのである。

私が生まれたのは東京の神田で、浪花節語りの広沢虎造が「江戸っ子だってねえ、神田の生まれよ」とやるたびに、すこしばかり得意な気持ちになるのが常だった。ところが四歳の時には練馬の在《ざい》へ引っ越しをしたし、第一、父も母も石川県人だから本当は神田の生まれもどうということもないのである。

地方出身の父母を持ちながら昔話を聞くことがなかったのはどういうわけだろうか。小さい時から母の手縫いの洋服を着せられて育ったというし、子供の本棚にはアルスの児童文庫や興文社の小学生全集など二百冊近い本が並べられ、本を読みなさいといわれいわれした。たぶん当時としては私の家庭はややハイカラな部類に属したのかもしれない。だから読書環境はよかったのだけれども、昔話の雰囲気には遠かったのかもしれない。

そういうわけで、昔話を聞いたたった一つの思い出は、ねえやがお風呂の中で話してくれた人身《ひとみ》御《ご》供《くう》にされた娘の話だけである。私は息をつめて聞きいり、それから近所の子とたびたび庭で人身御供ごっこをして遊んだ。さるすべりの木に登って、白羽の矢がたつのを待っている間の、たかぶった気持ちは忘れられない。

こんなふうだったから、私は狐が化《ば》ける話などにはあまり興味がなく、信州に疎開したとき狐に化かされた話やにぎりっ屁《ぺ》の話を聞いた時も野卑な感じさえいだいたのであった。その頃私はちょうど児童文学を書きはじめたのだけれども、それはまったく別々のものとしか受け取らず、目もむけなかったといっていい。そして長い間、民話には幼時、縁がなかった、と思いこんでいた。

私は日本について何を知っていたのか

その私を民話の世界に引っぱり込んだのは昭和二十六年に創立した人形座の瀬川拓男氏である。彼とは生涯の一時期を共に過ごすことになるが、当時は人形座に所属、人形座は高山貞章作による『あのさま』を上演していた。『あのさま』について、また民話について、「民族芸術を創る会」の人々と人形座の人々との間で活発な討論が展開されており、私は民話というものにはじめて目を開かれた思いがした。そのかかわりの中で、木下順二、松本新八郎、西郷竹彦、吉沢和夫氏ら「民話の会」の人々との交流も生まれ、また下町の庶民芸術である紙芝居のグループ「みどり会」の人たちともめぐりあうことにもなった。そこには沸き立つようなエネルギーがあった。

幼い日、私は紙芝居をみることを禁じられて育っていた。だからどこかで、どぎついものと思いこんでいる面があった。しかし、知りあってみればカチカチと拍子木をたたいて紙芝居を打つ小父さんたちをはじめ、紙芝居作家や画家たちが、庶民のための芸術創造に熱中していた。人形座の人々にしても雨漏《も》りのする倉庫で砂のまじる井戸水を汲みあげての共同炊事をしながら、民族的な人形のマスクとはなにか、民話劇の、いや民話劇を人形で上演する場合、いかに民話の精神を活かせるか、などと激しい討論をして倦《う》むことがない。そこには在日の朝鮮の少女も参加していたが、その少女は存在それ自身が民族という言葉の重みを、どっしりと湛《たた》えていた。

新しい人々とめぐりあう中で私を強く捕らえたのは、私が日本について何も知らないではないかという愕然《がくぜん》とした思いであった。私の知っていると思っていた日本は、考えてみれば生まれて育った環境の中で、偶然触れ合ったものでしかない。日本をもっと知りたい、知識としてではなく、じかにこの掌《て》で触れてみたい、それには民話を訪ねる旅に出てみたい。山を越えて訪ねて行きたい。

私の中に旅への願望がしだいに大きくなっていったが、それはなかなか実現しなかった。今の若い人たちをみると、まことにうらやましい気がする。親はそれぞれに大変なのだろうけれど、若い人たちは給料をつかい、お金がなければアルバイトをして旅に出る。私たちの若い頃は、というよりその頃の私にとっては、給料も安かったし、そのあらかたは家計に繰り入れなくてはならなかったから、旅に出る、ということは容易でなかった。さらに一時小康を保っていた結核が再発し、三年の歳月を療養所で過ごしたからであった。

はじめての採訪の旅へ

私がようやく採訪の旅に出たのは、昭和三十一年の春で結婚直後だった。夫・瀬川の郷里であり、私の疎開先でもあった長野県の民話を採訪したのである。

民話の採訪といっても、さまざまの形がある。聞き手が民俗学関係の人か、作家か、研究者か、それぞれの立場でおのずから違ってくる。

たとえば「むかしむかし、あるところに」で始まる「昔話」だけを主に聞くやりかたもある。その場合は語り手、または話者《わしゃ》とよばれる老人が非常に重要な位置を占める。何々村の何婆さまは百話語った、二百話語ったということになり、なんのだれだれ昔話集というように、一人の話者によって一冊の本がまとめられることも珍しくない。この場合は「むかしむかしあるところに」という語り始めの言葉がしめすように、時代も場所も限定しない。だから「うりこひめ」の話が東北でも聞かれるし、九州でも聞かれることになる。ただ、すこしずつ形が違い、その形の違いを克明に追って行くことが、従来の研究者にとって、非常に大切にしたところだった。

「伝説」は「昔話」と違って、どこそこ山のなになに池に大蛇がすんでいた……というふうに、はっきりと場所がきまっており、この話の、この時、その人がつかった杖とか、これがその石の仏です、ということになる。「世間話」になると、なになに村のなにさんは、女ながら力持ちで、夕立のとき風呂桶ごと旦那を家の中にいれたそうな……というふうな話になる。

これら、「昔話」「伝説」「世間話」をひっくるめ、私などは民話と呼んでいるので、採訪の旅というと、ただ、「昔話」を集めたいということではなくなるのだった。今までみすてられがちな「世間話」のたぐいまでをふくめ、その土地の、そこにすむ人の心が語りこめられた再話なり再創造なりをしたいと思ったのである。

いま私の所属している「民話の研究会」（子どもの文化研究所）では、若い人たちが精力的に指導に当たってくれているが、手刷りの「民話採訪のしおり」をつくって配ったことがある。それは、民話採訪の方法のこれまでの成果をまとめたもので、参考のために次に転記してみる。

民話採訪のしおり

一　〈昔話〉

●動物昔話　●人間昔話　●笑話　●形式譚

○昔話をなんと呼んでいるか

例　むがしこ、むかし、など。

○昔話はいつ語られるか

○昔話を語る場所はどこか

○語り始める言葉はどのようにいうか

例　とんとむかし、むかしあったづもな、むかしむかしあったけど、など。

○語り納める言葉はどのようにいうか

例　とっぴんぱらりのぷう、どっとはらい、など。
○語り手は語りの切れ目にどのような合いの手を入れるか
○聴き手はどのような相槌《あいづち》を打つか
○昔話を語ってはいけない日はいつか
○昔話を語る日はいつか
○昼に昔話を語るとなんというか（禁じる言葉）
○昔話の題目をなんと呼んでいるか
○最初に語る昔話はきまっていたか
○最後に語る昔話はきまっていたか
○一家のうちで誰が最も昔話を語るか
○語り手は誰から昔話を聞いたか
○語りの名人（女語り、男語り）と呼ばれている語り手は村内にいたか
○昔話と伝説とはどのように区別しているか

二〈伝説〉

●自然伝説――動物、植物、天体、気象、鉱物、地形、火、水などに関するもの

●歴史伝説──村、地名、屋敷、家系家筋、聖地、建物、神仏、宝物、神体、偉業、事件、紛争、職能、芸能などに関するもの
●信仰伝説
（神）田の神、山の神、水の神、家の神、稲荷神、疫病神、など
（精霊）樹霊、岩石の霊、池淵の主、など
（霊魂）死霊、生霊、幽霊、人魂、妖怪変化、祭礼行事に関するもの
○伝説（イイツタエ、イワレ）は場所・人物などの制限をうけて成立している。その点を記してほしい。場所は小字《こあざ》まで書くこと。
○伝説にまつわるいろいろな信仰や行事があることを注意して採集すること、簡単な一口話ふうなものでもよい。また、現場の写真、図示できるものはなるべくしてほしい。

三　〈世間話〉
●人物に関する話──大力、大食、異常な能力や性格、成功者、失敗者の運不運、盗賊、犯罪者などの行為
●動物に関する話──狐、狸、狼、鹿、熊、蛇、犬、猫などの生態、習性、報復談、報恩談

●天然現象、天災、人災、その他の災害、事件に関する話
●怪異談、狐狸に化かされた話、神威に会った話
○昔話のように形式にとらわれず、伝説のように信仰的基盤にもよらず、説明的、教訓的目的もない。実話または体験談の形で話されるので、内容は現実の事件に関したものである。

以上が現在私の参加している会でまとめた採訪のしおりである。いま思い返してこのしおりを読むと、はっきりとした箇条書きで学んだのではないが、ほぼこのような形を頭に描きながら、明治以降の現代なお生まれつつある話まで含めて民話の採訪、再話に当たったといえる。このときの仕事は『信濃の民話』としてまとめ、その翌年、秋田への採訪の仕事は『秋田の民話』としてまとめた（いずれも未來社刊）。

しかし何といっても、瀬川はともかく私は理論的にも不充分で経験のないままに採訪の旅にとびこんだのだから、まったく無鉄砲だった。

汽車で乗りあわせた人の家にもおしかけ、山で木を伐《き》っている人がいればそばに坐りこんでノートをひろげ、老人ホームに勤めながら話を集めている人がいるときけば、そこを訪ねして歩きまわった。若くて貧しく、夫婦で歩きまわれば資金ぐりも容

易でなく、私の恩師である坪田譲治先生から借金したり、信州各地の方々にさまざまのお世話になりながら資料を集め、聞き書きをした。

私はその中ではじめて語りを聞くことの楽しさ、語りの中にこめられる人々の心、祖先とのめぐり合いをからだで感じることができたのである。

2　狐の地図

「狐」がみえた和尚さまの話

木曾方面の旅に出かけた時のことである。私は資料の中の、木曾福島の興禅寺には狐の化けた坊さんがすんでいたそうな、という話をたった一つの頼りに、ともかく木曾福島へ行こうと汽車に乗った。塩尻で中央西線に乗り継ぐと私は地図をひろげて、ははあ、ここらあたりは桔梗ガ原ではないかしら、とすると、たしか玄蕃允《げんばのじょう》という狐がいたはずだがと、いそがしく窓外と地図をてらしあわせた。

すると、前に坐っていた鳥打シャッポの小父さんが興味を感じたのだろう。どこへ行くのか、何をさがしているのかと聞く。この辺に狐がすんでいたのでしょう、その話を聞きたいと思って、というとその人は、ああそれならおれの家のじいさんがよく知っている、自分はこれから木曾福島の馬市へ行くのだが、家は松本の笹部というところだ、明日は戻っているからぜひ来なさいといってくれた。

福島の駅で別れ、目指す興禅寺へたどりつくと本堂が新しい。これにはがっかりした。何年か前、火事で焼けたという。焼ける前のお寺には狐の化けた坊さんの部屋があり、なんでも板敷きの真っ暗な部屋だというので、その部屋を見るのが楽しみの一つだったからである。しかし、当代の芳山和尚さまのお話は面白く、今にありありと覚えている。

先代の継芳和尚さまはまことに偉い坊さまで、漢学に通じ、禅の道に深く、気合をかければ畳の上に坐ったまま、何十センチも飛び上がることもできた。腹に回虫のいる病人が虫をおろしてほしいと頼みにくると見事おろしたという。病人の前にぴたりと坐り術をかけると、和尚さまのかまえた指の先からゆらゆらと白い煙が立ち上がり、それで虫は落ちた。

この継芳和尚さまには、狐がみえたという。みえるのはあたりまえだが、和尚さまの目にみえたのは、ほんものの狐ではない、昔、坊さまに化けていた蛻庵《ぜいあん》という狐をまつったお稲荷さまが本堂の隣にある。火事の時にはたくさんの狐が出てきて、稲荷堂に水を掛けて守った。それで稲荷堂は無事焼け残ったのだが、その時の狐は誰にも見えないのに、和尚さまにはちゃんと見えた。そんなふうだから稲荷堂にお経をあげに行く時には油揚を持っていって、ホイヨホイヨといって狐にくれていた。和尚さまの目には、お稲荷さんの中で遊んでいる狐がありありと見えるらしい。不思議なことにその油揚はみんな真中だけが食い破られたという。すると継芳和尚さまはそのころ小さな小僧だった今の和尚さまに「坊も利口になりなさい」といって、その穴のあいた油揚をくれたそうである。どうも気味悪くて食べられませんでしたと今の和尚さまはいっていた。

まだまだ不思議はあった。興禅寺に賽銭泥棒が入った時のこと、継芳和尚さまは泥棒の足跡に釘を打ち、お経をあげて、これでよいといったそうである。二十分ぐらいすると電話のベルが鳴った。出てみると警察からで、泥棒がつかまりました、足が痛くなって動けないでいました、そういってきたそうである。わたしがこの目でみたことです、本当に不思議なことです、と、今の和尚さまはいう。

木曾の山のお寺の庫裏《くり》に、じいっと坐ってこの話を聞いていると、何ともいえない不可思議な気持ちになってくる。電話のある時代にこうしたことが起こったというなら、それよりもっと昔、狐が人間に化けるくらい何でもなかったかもしれない。坊さんに化けた狐は興禅寺の和尚さまにたのまれて文使いに出かけ、飛騨の日和田で猟師に射《う》たれるが、それが縁で以来日和田は興禅寺の檀家になり、それが今も続いているのだという。

玄蕃允と家来ども

私は違う世界へ迷い込んだような、不思議な心持ちで興禅寺を辞すと、松本の笹部へ向かった。すると話を知っているという鴻一郎《こういちろう》おじいさんがなぜか黒紋付きを着た姿で端然と待っていてくださった。私は白壁の土蔵が見える座敷で玄蕃允とその家来どもの狐ばなしを聞いたのである。

桔梗ガ原というのは洗馬《せば》から塩尻峠、村井にかけての茫々とした高原で、昔、玄蕃允という大した狐がすんでいた。玄蕃允はここらあたりの狐の総元締で、たくさんの子分の中には四天王と呼ばれる狐がいたそうな。赤木山の新左衛門、田川べりのおきよ、猫塚の孫左衛門に六助池の六助がそれで、この狐どもが集まるとどでかい化かしをやって、人間どもをあっといわせたという。

大名行列に化けて宿役人を煙にまいたり、浅間温泉の帰り道、村の衆が濡《ぬ》れ手拭いを肩にやってくると、いつの間にやら芝居小屋が掛かっている。チョーンと拍子木が鳴って今が幕開きである。こらアこたえられねえと一人坐り二人坐り、泣いたり笑ったりしたあげく、背中をどやされてはっと気がつけば、何もない野っ原に坐ってお天道様はもうとっくにあがっていなさる。こんなこともたびたびだったという。

田川べりのおきよは四天王のうちでもたった一匹の女狐だったが、これがなかなかの役者だったという。

鴻一郎おじいさんの話の中で、私がいまだに忘れがたいのは、猫塚の孫左衛門の話である。『信濃の民話』（瀬川拓男と共編・未來社・昭和三十二年）にまとめたものを引用してみよう。

四天王のうちでも猫塚の孫左衛門はおっかない狐だった。狐にも得手不得手があるが、これは飲んだくれや、親不孝者をぎゅうぎゅう説教するのが得手で、この狐に説教された者は今でも何人もいる。

おらとこの親戚のかしわ屋の竹三郎もその一人だ。竹三郎は岡田のかしわ屋へ町から養子に行ったもんだが、飲んで飲んで飲んだくれの、朝から晩まで酒びたしの男だった。このおやじが親戚へとりこみがあってのかえりみちだった。

雨が降っているので蛇の目をさし、夜ふけにご先祖さまの墓の前を通りかかると、こらまてと声がかかった。みればみたこともないじいさまだ。

「やいやい、おれはかしわ屋の先祖だぞ。おらがいい身上《しんしょう》残しといたのにこいつめ、毎日飲んだくれやがって、おめみたいな親不孝者はねえぞ、まあちょっと、そこへ坐れ」

というわけで、一晩中油をしぼられた。竹三郎は蛇の目をさしたまま、墓の前にぶるぶるふるえて坐っていた。夜あけ、やっとのことで帰れと許しが出、まっさおになって家へかえってきた。女房をたたきおこして、こうこうだと話した。

「おら、心を入れかえて酒をやめる」

女房はふき出してしまった。着物は泥だらけの上に、からかさの紙はみんな狐にくわれ骨だけのをさして、しょんぼり帰って来たもんだ。

「そりゃまあ、とっさま、心を入れかえるのはいいが、狐にばかされでもしつら」

竹三郎ははっとした。まあず、いくらおらが酒飲みでも、ご先祖さまやなんか墓から出て説教するわけがねえ、狐に説教されて一晩中へいこらしていたかと思うと、業《ごう》わいて業わいて（腹がたって腹がたって）、せっかくの殊勝な心もふっとんでしまい、さあ飲み直しだ、とばかりそれから一代飲んじまったそうだ。

桔梗ガ原の狐話はまだまだつづき、最後に玄蕃允は汽車に化けて衝突、壮烈な最期をとげるのだが、数々の話の中で私は特に孫左衛門狐の話が印象に残った。なぜだろうか。考えてみるとそれは「おらとこの親戚のかしわ屋の竹三郎」という一言《ひとこと》だったように思う。むかしむかしの話でなく、松本の殿さまを化かした狐の玄蕃允一味が、おらとこの親戚の竹三郎をも化かしているのである。そしておじいさんの話を聞いていると、親戚なのは竹三郎ばかりでなく、狐たちもまたこのあたりの村の人たちにとっては、親戚同様の間柄なのであった。その面白さ。

そして、いわなきゃよかったのに女房がついいってしまった一言で、たちまち竹三郎が心変わりし、それから一代飲んじまったという語りの面白さ。

私はこの時から、語りを聞く楽しさに魅せられ、野卑なものの代表のように思っていた狐の化ける話が、興禅寺の狐をも含めてどんなに楽しいものかを知った。いや一言で楽しいなどとはいいつくせぬ、不思議な心持ちの世界へ踏み入ることに魅せられたとでもいうべきだろうか。

おじいさんは別れを告げる私に、そうだ、狐の地図を書いてやるかといって、六助池の六助はこのあたりで……と、筆をとって一枚の絵図を書いてくれた。ところが東京に戻るとすぐに一通の速達がとどいた。開封すると巻紙の手紙である。狐の地図に間違い有之候《これありそうろう》に付《つき》、とあって、正しい狐の地図が同封されていた。

3 祖先という言葉

二つの体験の落差

かしわ屋の竹三郎はご先祖さまに化けた狐に油をしぼられたが、この先祖という言葉、祖先とおきかえてもいいけれども、この言葉は私にとって長い間とりたてて考えたこともない言葉であった。なんとなくカビくさい言葉であり、仏壇の奥深いあたり、あるいはチョンマゲを結った侍姿などを思い浮かべるような漠としたもので、それはまた系図などというものにつながっていき、抵抗さえ感じる言葉でもあった。しかし、信濃の民話を訪ねて歩きまわった旅で、私はこの忘れかけていた祖先という言葉にめぐりあったのである。

そのきっかけは私が疎開した村をもう一度訪ねたことからはじまる。

私が母や姉夫婦と疎開した村は長野県下高井郡平野村（現・中野市）といい、その名の示すとおりひろびろとした田んぼがゆたかにひろがり、杏《あんず》、りんご、梨、ぶどうと果物も多く、戦災と食糧難の東京から逃れて来た私にとって地上の楽園と思われた。

疎開したのは昭和二十年の春だから、終戦の数ヵ月前ということになる。毎日毎日空襲警報が鳴りひびく中で、靴をはき、防空頭巾をかぶったまままごろ寝をする日がつづき、三月大空襲と五月大空襲によって神田の家も練馬の家も焼失した。私たちはやせこけ、目はくぼみ、足の骨は枯れ木のように露わにつき出ていた。村の人々からみれば疎開者は亡者の群れ、今ならば避難民が迷い込んで来たかとみえたろうし、私たちからみれば畑に生えている菜の青さにも、ザル一杯山盛りで摘んでくる苺《いちご》にも、涙ぐむほど感動した。まぶしいほど豊かな村に思われたのである。

疎開した村でいじめられた思い出を持つ人は多い。けれども仕合わせなことに私にとって平野村の人たちの思い出はみんなやさしく、水汲みにいった先の小母さんや、そのむこうの家の小母さんの「へえ、みよ子さん、よってお茶飲んでいきな」という声が今も耳許《みみもと》に残っているような気がする。

生まれてはじめて囲炉裏《いろり》にソダをくべて沸かした湯でお茶を飲み、小母さんのつくってくれたおやきをたべ、豊作をねがって木に餅の花を飾る行事をみ、いま思えば宝の山にいたようなものなのに、無知ということは恐ろしいもので、私は昔語りをねだることもなく、やはり焼け跡の東京へひたすら帰りたかった。そして三年後、ようやく東京へ戻ったのである。

ところが民話の採訪にもう一度村を訪れたとき、私はかつて抱いていたその村の認識がいかに甘いものであったかをひしひしと思いしらされた。村の人々がこもごも語ってくれた村の歴史は悲惨なものだった。

苦難の歴史が語るもの

このあたりのひろびろとした田んぼは延徳《えんとく》田んぼといわれているが、かつては遠洞《えんどう》湖《こ》とよばれる湖だった。その湖が千曲《ちくま》川、夜間瀬《よませ》川の氾濫で埋もれ、田んぼになったのだが、豊臣の頃までは美田だったという。その後千曲川の水防がおろそかになったためか、氾濫がくり返されるようになり、村は疲弊《ひへい》した。年貢が払えずに夜逃げする者は跡を絶たなかったという。

何日か雨がつづくと、村の中を流れる用水に草の葉を投げ入れて、水が逆流しないかを確かめた。もし草の葉が逆に流れれば、それが洪水の前兆になった。あと何刻《とき》で水がくる、それ逃げろと女子供は手を引き、家畜をつれ、高みへ高みへと逃げた。そういうわけだから家の周囲に余計なものは置いておけないし、水浸しになった家の中は火を焚いて乾かすのだが、その臭さといったらなかった。汚ねえ話だが、味噌も糞も一緒とはあのこんだ、と老人は語る。

明治政府ができた時、このあたりの村の人々はおらたちの政府ができたと喜んで、千曲川の改修工事の陳情を行った。しかし明治政府は陳情に対し、「人力ノ及ブベキトコロニアラズ」という一片の返答でしりぞけたという。

村人たちは仕方なく自分たちの力でやるよりしょうねえと、水利組合を作った。延徳田んぼ何ヵ村か、それぞれ代表が集まり、洪水の時にどれほど冠水するかによって工事費の持ち分を定めるというような、細かい話し合いが続いた。ところがそこへ警官が踏みこんだ。フテイの輩《やから》が何を共同謀議しておるか、ということだったらしい。しかし気骨のある老人がいて、何をいうか、この村の疲弊したありさまをみろといって追い返したというから小気味がいい。

こうしたいきさつのあと各村あげて水利工事にとりくみ、夏も冬もワッパ飯（弁当）を持って、エッチャエッチャともっこかつぎをして堤を築いた。それはつい近年までつづいたという。それからださ、田んぼも水をかぶらなくなったし、りんごも梨も植えるようになって、ようやく暮らせるようになったのは。

私はこの話を聞いたとき、目からうろこが落ちるように、祖先という言葉の重みを感じたのであった。祖先というのはチョンマゲの侍でもなく、仏壇の奥にいる存在でもない。いま田や畑で土を耕しているおじいさんおばあさんの、そのまたおじいさんやおばあさんたちなのであり、いま私が踏みしめているこの土地を作りあげ、支えてきた人々なのだということを……痛いように感じたのである。それとも知らず私は、ただこの村を地上の楽園のように思い、村の人たちの好意に甘えていたのではなかったろうか。

そのとき読んだ『中野町史』にも洪水の記録は多かった。中野町は典型的な扇状地で、くりかえし洪水に見舞われている。天正六年（一五七八）には、洪水のため、一般民家はもとより神社仏閣すべて浚《さら》われ、中野一面茫々たる河原と化し、人畜の死傷数うべからず云々とあるし、寛保二年（一七四二）には、中野平一面水に浸さる、千曲川沿岸六郡、溺死者一万余云々とある。こうした水害が延々と続き、その間飢饉あり地震ありで、私の楽園はその苦難の歴史の果てにようやく息づいていたものなのであった。

4　水との闘い

池に浮かんだ一ちょうの琵琶

疎開をしていた頃の私にとって地上の楽園のように思っていた土地が、実は洪水に苦しめられていた土地であることを知って、私は驚きもし、自分の無知を恥じたのだけれども、その周辺の聞き書きをしていくうちに、もう一度、そうか、そうだったのかとその重みをかみしめてみないではいられなかった。聞く話、聞く話、何と洪水にまつわる話が多かったろう。洪水に苦しめられてきた人々は、その思いをさまざまの物語として語り伝えないではいられなかったのである。

信州中野に近い志賀高原には大小さまざまの池があるが、その一つである琵琶池には次のような哀切な物語が伝わっている。

昔、ひとりの琵琶法師がいた。琵琶を背負って村から村をめぐっては琵琶を弾き、村の人々をなぐさめていた。あるとき山越えをしていくうちに、どう踏み迷ったか日が暮れてきてしまった。琵琶法師はしかたなくとある池のほとりで夜をあかすことにした。

しかし寝つかれん。波がぴたぴたと音をたてる。風が木のにおいと水のにおいを運んでくる。琵琶法師は起き直ると琵琶を抱いて弾じはじめた。一曲また一曲、興のわくままに語りつづけ、ほっと息をついた時であった。冷たい風が吹きわたったかと思うと一人の老人があらわれた。

「法師よ、みごとであった。どうかもう一曲きかせてくれ」法師は驚いたが乞《こ》われるままにまた一曲弾き、語った。すると老人はいうた。

「わしはこの池のぬし、龍神である。好きな琵琶を心ゆくまできかせてくれたお礼にわしの秘密を教えよう。わしはあすの夜洪水を起こす。人間どもが勝手にこの湯の山の湯を使いちらすによって見せしめのためじゃ。じゃによってお前は早うここを立ち去るがよい。しかしこのことをひとことでもほかへ洩《も》らしたときには、お前の命はないぞ」

いいおわると老人の姿はみるみる龍となり池深く沈んでいった。さあ法師は胆をつぶし、ころがるように山をくだっていった。早く早くここを逃げねばと、見えぬ目をみはりようやく里に出たが、その頃には夜もあけてきたので鶏の鳴く声、赤ん坊の声などが聞こえてくる。ああこの里も洪水に流されるのかと思うと居ても立ってもいられれん。しかし人に洩らせばわが命はない。法師は耳をしっかりとおさえ、夢中で走り出した。その途端何につまずいたかどうと倒れた。「法師さま、どうしただ」かわいい声がしてたすけおこしてくれたのは村の子供だった。そのうちに、村の人々も出てきて「法師さま、まんま食っていってくろ、ゆっくり湯に入って足腰のばしていくがええだ。そしてわしらに琵琶を聞かせておくんなさい」というた。

琵琶法師はわっと泣き出して「ああすまんことをした、もうすこしでわしは人でなしになるところだった。みなの衆、洪水がおそってくるで早う逃げなさい」と、とうとう龍神から聞いた秘密を口から洩らしてしまった。

さあでかさわぎになった。あちらの村にもしらせろ、こちらの村にもしらせろ、女子供は先に逃げだせ、馬や鶏も連れていくだぞ、食物はせおったかというまにも一天俄《にわか》にかき曇り、雨が沛然《はいぜん》と降り出した。しのつく雨だ、山はどろどろと鳴る。昼間というのにあたりは墨を流したよう、やがて物凄い勢いで山津波がおこり村は流された。だがはやばやと逃げ出したおかげで村の人たちはみな助かったと。

一夜あけて村の人たちはあありがたい、何も知らんで村におったら家もろとも流されてしまうところだったと、法師に礼をいおうとしてはっと気がついた。法師さまはどこにもおらん。村の人たちは顔色を変え、法師さまあ、法師さまあと声をかぎりにさがし求めたが法師の姿はない。人々は崩れた道を踏みしめ、木の根にすがって山をどこまでも登っていくとやがて池に出た。そしてへたへたと膝をついたそうな。池の面にただようていたのは一ちょうの古い琵琶だった。その時からこの池を琵琶池とよぶようになった。

冬、志賀高原の法坂リフトにのって振り向くと、雪の山に抱かれたように琵琶池がみえる。この池はそれ自体が巨大な琵琶のかたちをしているので、おそらくそこから琵琶池という名が生まれたのだろう。しかし今でこそバスも通るが、昔は通る人とて滅多になかっただろうこの山の、どの高みからこの池をみおろして山の人々は琵琶池と名づけたのだろうか。その地形が法師の物語を伝えたのだろうか。ともあれ、たびたび襲った山津波という自然の脅威を龍神の怒りとみた人々の哀しい思いは、池にただよう一ちょうの古い琵琶にくっきりと象徴されているのではなかろうか。

黒龍と黒姫

この話によく似た伝説が新潟と山形の間にある大里《おおり》峠にも残っている。

これも琵琶を背負うた法師が峠を越えていくうちに、同じように琵琶を弾き、山のぬしの大蛇、それはおりのという女の化身だが、その大蛇に洪水を起こすことを聞く、人にいえば殺すと念を押されるのも同じだが、この法師はただ村人に告げるだけではなく大蛇退治の方法も教えてからかくっと息絶えるのである。村の人たちは教えられたとおり、鉄のくいを山へ打ちこみ、栗の木の渋をふりまいて大蛇退治をした。ふもとの村では法師の杖と笠をまつって「座頭の宮」といい、今に残っているという。この大蛇が予言したとおりの山津波が最近起こったと聞いた。大蛇は殺されて蛇骨となって峠にころがっているというが、自然の脅威はまだ去らないのだった。

琵琶池を越えてさらに志賀の奥深く入っていくと大沼池がある。あまりにも水が透明で魚も棲《す》まないという。それこそ滅多に人影を映すこととてない沼であった。周囲は湿地帯で芝草の間に小さな池が点在して空の青さを映し、四十八池とよばれている。かと思うと風倒木が巨大な根を空につきたてて朽ちている。やさしさと不気味さが入り混じる神秘的なたたずまいであった。大沼池にまつわる黒龍の物語も洪水にかかわっている。粗筋を述べよう。

昔、信州中野に小館《おたて》城という城があって高梨摂津守政盛という殿様が住んでいた頃のことだった。政盛には黒姫という美しい姫がいたが、ある春の日、政盛は黒姫を連れ家臣をはべらせて一日東山で花見をした。

うっとりするような昼下がりであった。政盛は花の蔭に小さな白蛇をみつけ、黒姫に盃を差させた。実はこの白蛇は大沼池の主、黒龍の化身であった。この日から黒姫に想いをよせるようになった黒龍は、姫の寝所に美しい小姓の姿で現れて妻になってほしいと乞うた。黒姫は心を魅かれるが、父の許しを得てほしいという。政盛は小姓が龍と知って許さない。しかし黒龍は百日の間礼をつくして許しを乞いにかようのである。

百日目、小姓は姿を正し、「これほど頼んでも許してはくれないのか、洪水を起こし姫をさらうのはたやすいが、それをしたくないばかりに願っているのである。もし姫をくださらば湯の山四十八池の眷族《けんぞく》をあげて高梨家を守るであろう」という。

政盛は一計を案じ「明日、自分が馬で城のまわりを二十一回まわる後をおくれずについてくることができたら、喜んで姫をやろう」といった。そして城のまわりに刀の逆植えをさせ、自分は馬に乗って走った。小姓も負けじとつづいたがしだいに苦しくなり、ついに本性を現し龍の姿となって這《は》いずりながらあとを追ったからたまらない。刀に傷つき血は流れ、みるも恐ろしいありさまとなった。しかし黒龍はひるまず二十一回政盛のあとを追ってまわった。そして約束どおり姫をと迫ったが、政盛はみにくいわが姿をみよとせせら笑って家臣に斬りかからせた。

怒り狂った黒龍は嵐をよび大暴風雨となった。襲ってくる洪水に中野の町は泣きさけぶ声に満たされた。黒姫は父の膝をゆすってなぜ黒龍との約束を破ったのか、人間として恥ずかしいことではないか、どうか自分を黒龍のところへやってくれというが政盛はとりあわない。姫はついに走りでて鏡を空に投げ黒龍をよぶと、たちまち黒龍は天より降りてきて黒姫を背にのせ空を駆けた。そして鏡にみちびかれ二人はとある山の頂上の池に移りすんだ。そこが黒姫山だという。

この時黒姫は黒龍の背からなつかしい中野を見おろしたが、町が一面の茫々たる河原と化してしまったのをみて、父があなたを裏切ったとはいえ、なぜあのようなむごいことをと歎いた。黒龍は許してください、姫のやさしい心を知った今、もう決してあのようなことはしないと誓った。その時、たけだけしい黒龍の目にも涙が浮かんだのだった。

洪水と闘った人々

平野村に一年余をすごし、その後二年近くを信州中野町（現・中野市）に暮らしたこともあって、中野は私にとって第二のふるさととでも呼びたいようななつかしい土地になっている。町の東には今なお小館という地名が残り、小館城の跡はりんご園になって残っているし、東山の桜が咲き乱れ、全山花に包まれた時の美しさは今も忘れがたい。鴨ガ岳の頂上には山城の名残もあるという。昔大洪水のとき、何もかも流されて姫さん一人残されたという話がある。また大沼池の龍のところへ姫さんがお嫁に行くとき、ひょうたんを持って行ったという話もある。そんなことからこの話が生まれたのかもしれないとは町の古老の話だった。

この町の祇園《ぎおん》さんの祭りには黒姫が必ず里帰りするとかで、たとえ三粒でも雨が降るという。典型的な扇状地帯で洪水に苦しめられた町の人々にとって、まだ黒姫は生きつづけている。その人たちにとって黒姫はいけにえの姫というふうに受け取られているし、もっと若い人たちには愛の民話というふうに受け取られてもいた。時代によって一つの物語のテーマも移って行くものなのだなとそのとき思ったことだった。しかしどちらにしても、この物語は中野が凄《すさま》じい洪水にたびたび見舞われているという背景なしには生まれてこないものなのだった。

長野に近い犀《さい》川の久米路《くめじ》橋には悲惨な人柱伝説がある（一六二〜一六三ページに詳述）。病気の娘に食わせたい一心で盗んだ僅かな米と小豆《あずき》のために一人の百姓が人柱にされ生き埋めになるのである。それは幼い娘が食わしてもらった小豆まんまのあまりのおいしさに、思わずうたった唄から発覚した。悲しみのあまりその娘は口がきけなくなってしまう。これとても年ごとの洪水で流されてしまう橋のための犠牲なのである。その洪水の凄じさは高い杉の木のてっぺんが烏《からす》の頭ほど、ちょっこりみえるだけになってしまった……ほどだという。

これはつい近年、友人がその地を訪れた時に聞いてきた話だが、水量の多さが察せられる。小さな家ほどもある大岩がまりのように流れてくる恐ろしさは、洪水を知らない者にとっては驚くばかりでただの作り話のように聞きすごしてしまいがちだが、このような洪水、山津波の中でさまざまの水の苦しみを語る民話は生まれてきたのであった。

こうした話は信州ばかりでなく、日本全国に残されているのではなかろうか。私のふるさととでもいうべき東京の民話をたずねて歩いたことがあるが、「東京の民話、それは水との闘いの民話です」といいきる老人に出会い、そうか、東京もか、と思ったことだった。

当時私は葛飾《かつしか》区の金町にすんでいたが、電車に乗るたびに目につく小菅の刑務所が、むかし、徳川の将軍が鷹狩のとき使う小菅御殿の跡に建てられたものだときいたのも、その時のことである。綾瀬川のほとりに御殿はあったため、幕府は、御殿を水浸しにしては大変じゃとばかり、綾瀬川の片側だけに、がっしりとした堤防を築いた。困ったのは埼玉側（そのころ八幡領）の農民で、大雨が降るたびに必ず自分たちの田畑が水をかぶる破目となった。ある時の大洪水に、八幡領の農民は生きるか死ぬるかの境じゃと、「なにとぞ徳川側の堤を切って、川の水を伝右衛門川に落としていただきたい」と、切々と願った。しかし、百姓ふぜいの命と、将軍さまのお成《なり》御殿とどちらが大切ぞ、くだらぬことを申すなと相手にもされなかった。そこで庄屋新八は一人で堤を切ろうと、夜、ひそかに徳川側の堤に泳ぎより、堤を崩しはじめたが見張りの役人に無残にも片目をえぐられ惨殺された。その後、このあたりに片目の蛇が無数に出るようになり、将軍吉宗があわれんで供養のために掛けた橋にも、蛇は無数にからまりついたという。その橋は「蛇橋」と今も呼ばれている。

例をあげれば数かぎりなく、私たちの周囲に洪水に苦しめられ、水と闘ってきた物語はころがっている。それに気がつくかどうか、大切に思うか見過ごすかは、私たちのなかに、その視点があるかどうかであろう。

5　食っちゃあ寝の小太郎のこと

「耐える」ことを越えた話を求めて

私は旅の途中で、ほっと重い息をついた。いわゆる昔話の「語り手」をたずねての旅でなかったために、信濃の民話をたずねての旅は、伝説と昔話がいりまじったような話が多かった。

だから桔梗ガ原のように楽しい狐ばなしを聞くこともあったけれど、土地にまつわる話には、祖先の重い吐息が語りこめられたものが多い。昔話には野放図な楽しさや、民衆の知恵や、楽しい結末が多いのに、伝説はなんと悲しい話が多いのだろう。また「水との闘いの民話」というけれども、どこかでそれは、「水に耐える民話」になっているのではないか。琵琶法師の献身によって湯の山の人々は命をとりとめた。しかし、法師は死んでいく。黒姫の物語を愛の物語としてみるならば、そこに闘いはあるけれども、人身御供としてみるとき、やはりだれかが犠牲になって水を鎮《しず》めようとしたことになるのではないか。久米路橋に残る人柱の話はあまりにもむごい。そこには自然の残酷さにくわえて封建制の重圧が息もつかせぬほど農民を押しつけている。耐える民話には耐える民話としての、哀しいまでの美しさがあり、重圧をはねのけようとするバネにもなるとは思う。しかしもう一つ、そこを越える物語はなかったのだろうか。

そう思い思い旅をつづけた私は、小県《ちいさがた》の中塩田で、それこそ野放図な男の子の話に出会った。

むかし、小県郡西塩田村に独鈷《とっこ》山という峰が九十九あるという山があって、十寺という寺があった。その寺の坊さんのところへ、夜な夜な若い女が通ってくるようになった。あやしく思った坊さんがある夜、針に糸をつけて女の着物に刺し、夜が明けてから糸をたどってみると、鞍淵《くら》というところで大蛇が赤ん坊を産んで苦しんでいた。坊さんはおどろいてにげ帰り、大蛇は鉄の毒でやがて死ぬが赤ん坊は川下へ流れ、小泉村の婆さまにひろわれて、小泉小太郎と名づけられた。蛇の子であるしるしに、脇の下に鱗《うろこ》の形のアザが三つあったという。またこの川をその時から産《さん》川というようになった。

さてこの小太郎は、食っちゃあ寝、食っちゃあ寝して、すこしも働こうとしな

い。小太郎が十五になったとき、婆さまは呆れて、

「小太郎よ、ちったあ婆の手伝いもしろや」

といった。すると、小太郎はむっくりと起きて、小泉山へのこのこと焚物《たきもの》を取りにでかけた。そうして、山じゅうの萩という萩をとりつくし、山のようになったのをたった二束にまるけて、夕方には戻ってきた。そして婆さまに、

「これは山じゅうの萩だから結び目をほどいちゃ駄目だぞ、引き抜いて焚物にしてくれや」

といった。ところが婆さまは食っちゃあ寝の小太郎がそんなえらい働きをするはずがない、なにをいっているこんだかと馬鹿にして、結び目を切ってしまった。するとなにせ山じゅうの萩だからたまらない。わーっとはぜくり返って、小さな家も婆さまも吹っとんでしまった……。

話はそこまでだった。

信州には有名な物草《ものぐさ》太郎の物語があり、昔話には三年寝太郎といって、食っちゃあ寝、食っちゃあ寝している太郎が出てくる。厚狭《あさ》の寝太郎という伝説もある。これらの寝太郎たちは、食っちゃあ寝の怠け者ではあるが、最後には大事業をそれぞれにな

しとげている。私は乏しい知識からそうしたことを思いだし、話してくれた宮島博敏さんに、小太郎の話はこれだけですか、将来、何かの形で大事業をしませんでしたか、食っちゃあ寝の子はきっと大物になるのだけれど、とたずねた。すると宮島さんは、実は自分もそう思って、いろいろ老人にもきいたり、調べたりもしたけれども、今のところはこれだけだ、と残念そうにいうのであった。

ところが山を越えて松本に入ってみると、そこに小太郎の成長した話があったのである。

成長した小太郎

むかし、松本・安曇《あずみ》のあたりはまんまんたる湖だったという。その湖の水を泉小太郎という少年が母の犀龍《さいりゅう》の背中に乗って山を切り拓《ひら》き、まんまんたる水を北海に落として平野を拓いた。その平野が松本・安曇の両平野だという。またそのときできた川が犀川だという。

たったこれだけであるけれど、私は狂喜した。塩田の小泉小太郎が泉小太郎であり、母が大蛇で死んだというのに、松本では犀龍という龍で、太郎と一緒に山を切り拓く大事業に参加している。こうした相違点はあるにせよ、これはおそらく一つの話に違いない。食っちゃあ寝、食っちゃあ寝の小太郎はやはり大事業をなしとげたのだ。私は暗く、耐えつづけてきた水との闘いの民話が、ここで明るく前向きにぱあっと開けた思いがした。ところが明るく雄大なこの物語を、信州の人々すらが忘れかけている。そこに気がついたとき、これは大変なことだと思った。

わずかなへだたりしかないというのに、松本の人々は小太郎の幼い日をしらず、塩田の人々は小太郎を食っちゃあ寝の小太郎としか捉えていない。いや、その小太郎さえ、忘れ去られていくのではないだろうか。

イギリスにはジャックという民話の主人公がおり、ロシアではイワンが活躍する。日本では、と問われれば私たちはやはり「太郎」と答えるであろう。しかし、太郎という少年が活躍する話は、と考えると、桃太郎、つぶ太郎、寝太郎……と浮かんではくるが、もう一つそこを超える太郎がほしいと思う。しかし小泉小太郎ならその資格があるのではなかろうか。

民話の新しい主人公として、小泉小太郎を日本の子供たちの中によみがえらせたい、私はそう思わないではいられなかった。私が童話というかたちの文学に心をひかれて書き始めたのは十九歳の頃からだった。それ以来、私はただ書きたいから書くのであって、子供のために書く、などという気持ちはなかった。だから、小太郎を日本の子供のために書きたい、そうしなくてはいけないのだ、という気持ちにゆりうごかされたということは、私自身の内部にとっても画期的なことなのだった。

小泉小太郎伝説

この小泉小太郎伝説は、その後調べてみるとさまざまの形で残っていることがわかった。柳田國男の名著『桃太郎の誕生』にもこの話はとりあげられ、「蛇の小さ子」が水を統御する神として記念せられた例として述べられている。蛇と人間が婚姻して、または水神に祈ってみごもった子が、神の申し子であり、姿はみにくかったり小さかったり怠けものであったりするがやがては大事業をする例は多い。小泉小太郎も大蛇を母に持っていて、食っちゃあ寝の怠けものだった。なぜいいあわせたように、こうしたかたちとなって語り継がれるのか、そこのところは非常に深く大切なことなのだと思うが、日本の各地にこのかたちは残っているのである。

私が塩田の小泉小太郎と、松本の泉小太郎は元は同じ話に違いないと狂喜したことは前に述べたが、『桃太郎の誕生』を読んでみれば、このことはすでに記されていることだった。その部分を引用してみよう。

更に第三の点としては、犀川盆地の泉小次郎と、元は一つであったろうことが注意せられる。松本平《だいら》の方の泉小次郎も、東筑摩郡中山村、大字和泉《いずみ》という村で生れたと伝えられ、父は鉢伏山《はちぶせやま》の神と謂い、或は自身鉢伏権現の再誕であったとも謂う説がある。夙《はや》くから大寺古社の縁起に採り入れられた為に、造言が多くて何《いず》れを本拠とすべくも無いが、信府統記（巻十七）の一伝に、父は東高梨池の白龍王、母は犀龍にして姿を恥じて湖水に入ると謂い、誕生の地は鉢伏山、成長の地は放光寺山、其名を日光泉小太郎と称すとあるのは、後に父の神と再会した際に、白龍が自ら我は日輪の精霊なりと言ったとあるのと関係があったらしい。この泉小太郎の大事業なるものは、母の犀龍の背に乗って、今の三清地《さんせいじ》と水内橋《みのちばし》の岩山を突き破り、水の路を越後の海まで切り開いたことであった。是は東国では利根富士川、九州では筑後の矢部川、奥州では猿ヶ石川、其他多くの水筋に於て土地の神様の偉勲として伝うる所であって、実際地形を熟知する者には、信じ且つ崇めざるを得ない神話の一つであった。それを土地によっては異人が山奥から石を蹴りながら、水路《みずみち》を付けつつ下って来たとも謂って居る。泉という山麓の部落が、其根原を誇ったのにも信仰があった。（柳田國男『桃太郎の誕生』「田螺の長者」）

長い引用であったが、松本平では小太郎、または小次郎は神の子として誕生していることがわかる。また『吾妻鏡』の和田一乱に加担して行方知れずになった泉小二郎親衛という勇士の事蹟として、すでに郷土の人物志中に載せた学者もあるという。小太郎がやがて朝廷に仕えて信濃国司となったという説もあるし、小太郎は平野を切り拓くと同時にいずこともなく姿をかくし、農民が日照りで苦しんでいるとき、ふたたび龍に乗ってやってくると語っているところもある。一つの伝説がこのようにさまざまなかたちに分かれているのは、どこにでもみられることで、先に述べた黒姫の物語が愛の物語と語られもし、人身御供の姫とも語られるように、伝説も神社などの縁起にとりあげられると、まったく違ってくる。だからこそ自分の足で歩き、語り継ぐなどと思ってもいないで語り継いできた人々の物語に耳を傾けなくてはならないのではなかろうか。

さまざまの物語の中で、私をもっとも捕らえたのは食っちゃあ寝の小太郎であった。大地や水の精霊である蛇の小さ子の小太郎が母龍の背に乗ってまんまんたる湖の水を切って落とし、ひろびろとした平野をつくる……。そこには苦しい日々の営みの中での農民の願いが反映されていた。

6　信州が昔、海であったこと

川をのぼる鯨の夫婦

食っちゃあ寝の小泉小太郎の大事業は、まんまんたる湖水の水を北海に切って落としたことである。伝説のとおりであるならば、遠いむかし、小県から安曇にかけて、ひろびろとした湖がひろがっていたことになるのだけれども、それはいったいどうなのだろう。

するとごく短いけれど、ひどく面白い話にめぐりあった。千曲川を鯨の夫婦がのぼってきたというのである。

むかし、越後の海にいた鯨の夫婦が相談した。

「信州の佐久には小海という海があるそうだのし、そこへいって暮らそうじゃねえか」

「それはいい考えだのし、新しいところへいくのはおれも大好きだ」

そこで鯨の夫婦は千曲川をさかのぼっていった。上流になるにつれ、川幅もせまく、水も浅くなってくる。夫婦はかわるがわるからだを横にして、水を堰止《せきと》め、堰止めしてのぼっていった。すると佐久の畑八《はたや》まできたときだ。

「おうい、鯨よう、どこへいくだ」

と、川の岸辺から百姓が声をかけた。

「小海という海がこの先にあるそうだのし、そこまでいくんじゃ」

夫の鯨がこたえた。すると百姓は腹をかかえて笑いだした。笑っても笑っても笑いたりんというふうに笑うものだから、さすがに気のよい鯨の夫婦も腹を立て、

「何がそんなにおかしいか」

と、細い眼をいからして怒った。

「何がおかしいってお前、小海ってとこは海じゃあねえ、ところの名だに」

鯨の夫婦はそれをきくと、あんぐり口をあけたまま、呆れてものもいえん。しおしおと、越後の海へ帰っていったと。

何とも楽しい話である。そして気になるのは小海という地名だった。小海、小海、

その名は今も残って、小海線という鉄道線が通っている。むかし、小さな海があったのかしら。

調べてみると、そのあたりから鯨の骨が出土しているし、松本の山の中腹からは、一頭分の骨がそっくり出たこともあるという。では遠いむかし、このあたり一帯はひろびろとした海で、鯨がどどーん、どどーんと汐を吹いて泳いでいたのだろうか。そうしてある時期に、土地が隆起して塩水湖になったのだろうか。どうもそれは本当らしいのである。

信州が海だったころ

小山眞夫著の『小県郡民譚集』（郷土研究社・昭和八年）から、二つ引用してみよう。

塩田《しおた》の海

神代の昔に塩土翁《しおづち》が陸奥《むつ》塩釜《しおがま》に往かれて、塩のこしらい方をお授けになった、お帰りのみぎり塩田の海に立ち寄り、和世田神とお二方で又塩のこしらい方をお授けになった、湖水を汲んだ所を浜場といい、塩を焼いた所を釜屋敷、御手洗を塩野井、そのあたりを塩野間、又は塩沼、あるいは塩野はさまと呼んで今に西塩田村の前山にその地名がのこっている。

その後に地主の神が多くあらわれて来て処々を切り開いた、岩鼻が切れてまんまんとしていた塩田の海の水が北海に注ぐに従いだんだん乾いて陸地となった。その荒れ水が埴科郡の坂木《さかき》の横まくりに打ちあたってその地を壊した。それでこの地を塩田というので、中塩田村の小島はかつて中島であった。（里伝、塩野神社縁起）

地質学上ではかつて水底であったことは証しえられる。今なお塩に関する類似の地名を求めると富士山村字塩の入、中塩田村保野区字塩野、及び塩吹、別所村字塩水、泉田村小泉区字塩野、塩田河原、浦里村越戸区字塩の入、同村浦野区字塩の入などがある。塩田平にては田圃に行くを今に沖へ行く若《も》くは浦へ行くといっている。

半過《はんが》

昔小県から佐久へかけて大海であった。それは塩尻の岩鼻《いわばな》と半過の岩鼻とが今のように切れていない時のことであった。そしてここから北は陸地で田畑がひらけていた。ところがここに一疋の大鼠が棲んでいてたくさんの子鼠をひきつれ、その田

畑を大荒しに荒すのが常であった。それで村の名まで鼠といわれるようになった。村の百姓達は相談して、

「どうかこの鼠を退治してえもんだ」

「劫《ごう》を歴た大鼠のことだから普通の猫では何疋かかったってだめだろうから、どこからか非常に大きな猫を探して来て防ぐより外はあるめえ」

すると大勢のこととてたちまち大きな唐猫《からねこ》を見つけて来た、そして鼠の群れにけしかけた、さすがの大鼠もこれには堪えかねて逃げだした。唐猫はどこまでも追っかけて行く。大鼠はとうとう大海の端の岩山にまで走ったが進退きわまって死物ぐるいに一心に岩山を嚙《か》み切って隠れようとした。

大海の水を支えていた岩山が嚙み切られたので、今までまんまんと水の湛えていたのが一時に迸《ほとばし》り出て、大鼠も小鼠もみな流されて溺れ死んでしまった。これから小県佐久の平はできた、岩の嚙み切られたのが残って岩鼻と呼ばれている。（後略）

また、『信濃筑摩八幡縁起』にも安曇平は一面の海だったといい、舟付という地名があるというし、『信濃池田史話』（仁科宗一郎・柳沢書苑・昭和三十九年）にも海

戸、舟つくぼ（舟つきばのこと）などの地名をあげ、舟をつないだ木である舟本木や、舟つなぎの岩など例をあげ、安筑の平が湖水だったという説を伝えている。また美麻《みあさ》村には塩出入というところがあって、昔ここに湖水あり、塩を積んで出入りしたという。

しかし、いったい信州が海だった……あるいは塩水湖だったのはいつごろのことだろう。これらの言い伝えをみると、いくつかの郡にまたがる広い地域に塩水湖は拡がっていたらしい。それはまったく小海という名にふさわしい洋々たる大湖であったと思われる。そしてその湖がある日、どこかが崩れて水が流れだし、平野となった……。その気も遠くなるほどはるかな昔の記憶を、祖先は長い年月、語り継いできた。食っちゃあ寝の小太郎の話はそこから生まれたのである。私の掌に載せられた物語の厚みは、祖先からのおくりものであった。

時代を越えてよびかけるもの

それなのに、今、同じ信州の物語なのに、塩田の人は小太郎の幼い日のことしかしらず、そのあとは何もしなかったという。松本の人は、小太郎を神の子として、食っちゃあ寝の部分を忘れ去ろうとしている。この文明の世に、いや、文明の世だからこそ忘れ去ろうとしているのかもしれないが、なぜ私たちは祖先から受け継いだものを、こんなに簡単に捨て去ろうとしているのだろうか。捨て去るという意識もないほどに、無関心になっているといった方がよいのかもしれない。

しかし、食っちゃあ寝の小太郎の話を聞くとき、私たちははるかな年月を越えて、じかに祖先と手をとり、そうかそうかと共感する部分があるのではないだろうか。また、小海を海とまちがえて、千曲川をのぼっていった鯨の話にしても、何ともいえぬ可笑味《おかしみ》と、その話を生んだ人々のユーモアに私はなつかしさを覚えるのである。

ここで思い出すのは、先年宮沢賢治の故郷である岩手県の花巻を訪れた日のことだった。賢治の弟さんの宮沢清六さんに案内されてイギリス海岸を訪れた。北上川の河岸に白っぽい泥岩状の岩がはりだして、その上をさらさらと川波が洗っている。水がすくない時には、くぼみというくぼみが小さな水たまりとなって、透《す》んだ水がきらめく。

そこがイギリス海岸であった。

そのときかわした清六さんとの会話は、今も鮮やかに残っている。

「なぜここがイギリス海岸なのですか」

「ドーバー海峡と同じ地層なんですな。第三紀泥岩層、百万年前の地層です。四次元の世界でいうならば、ここもイギリス海岸だといえましょう。地層のなりたちからいえば火山が爆発したんですな。そうしてその上に胡桃《くるみ》の実がばらばらと落ちて……」

胡桃？ 胡桃の木ならさっき、土手の上でもみかけた、青い実をつけていたっけ。

「次の年もまた火山がドドーンと爆発して灰を降らし、その上に胡桃が落ち、というふうにしてできた地層です。今その上を北上川の流れがさらさらと洗っていましょう。すると百万一年前の胡桃が顔を出し、次の年には百万二年前の胡桃が出てくる勘定です」

「ははあ」

「掘ってみましょうか」

清六さんは無雑作に流れよった枯れ枝で泥岩を掘り、手品のように一粒の黒い胡桃をとりだすと私の掌にのせてくれた。

「これが百万年前の胡桃なんですか」

手でさわると柔らかい、ちょっと長めで黒くなっているがたしかに胡桃である。

「これがねえ」

すると清六さんは悠然としていわれた。

「四次元の世界でいうならば、百万年はついせんころです」

四次元の世界でいうならば、百万年はついせんころです……。清六さんのこの言葉は、いつまでも私の心に鳴り響いた。そして四次元の世界でいうならば、ここ北上の流れもイギリス海岸である。まことに民話の世界もそれに似てはいないだろうか。気の遠くなるような、はるかな昔、信州が海であった頃からの物語が、民話の世界で語られるとき、それはついせんころのように私たちに問いかけてくる。それはまた、地球上のはるかな土地に同じように花開き、語られもしている。

民話とは、そんなにはるかな昔からあったものなのだろうか。ここでも私はもう一つ、目からうろこが落ちたような感動を覚えたのであった。

7　なぜ民話というのか

どのくらいむかしから民話は語られてきたか

しかし、民話とはいったいどのくらいむかしから語られていたものなのだろうか。

ごく素朴にうかんでくる疑問はそのことだった。

「小泉小太郎」の物語を一つとってみても、信州が海であったのは、いったいいつのころなのか……有史以前のかなり古い時代にちがいない。そして、小泉小太郎は神に祭られ（十日市場の川合神社）、母の犀龍もまた松本市出川町で水引大明神として祭られているけれども、はじめから神であったわけでなくまったくあたりまえのことだけれども、そうした人物なり物語があって神に祭られたり、神社の縁起になるに違いない。ということは、神話と呼ばれているものの発生についても、考えられることなのであった。

私のように、戦前の教育を受け、高天原《たかまがはら》から天孫が降臨してきたと教えこまれたものにとっては、むかしむかしという言葉を聞くと、そのいちばんのむかしは高天原のような錯覚をいつのまにかしてしまう。そこがむかしの行きどまりで、その先はどろどろとした天と地との境もさだかでないような、この世の始まりへつながってしまい、神々の世界へふみこんでしまうのである。

けれども、そうではなくて、民話というものは、もっと古くからあるものなのだ。まだ人々の間に階級などというものがなかったころから語られており、それがやがて強力な支配者の出現によって、さまざまな糸を組みあわせて一つの織物をつくりあげるように、さまざまの物語を組みこんで、一つの神話を編みあげ、民衆の前におごそかに差し出されたのではないだろうか。すくなくとも、『古事記』や『日本書紀』のなりたちには、そうした経過があったのではないだろうか。

ではいったい、どのくらいむかしから民話は語られてきたのだろうか。歴史家であり、「民話の会」の創立者の一人であった松本新八郎氏の講義を受けるようになって驚いた。民話は数万年前から語られていたというのである。そのころのノートから、書き写してみよう。

　人類が最初にお話を語りはじめたのは、今から四、五万年前、旧石器時代の末期と推定されている。そのころすでに、現在私たちが使っている音節言語（単語を組みたてた言語のこと）は完成していたという。しかしその時代の話は現在残っていない。

　その後、月日は流れ、一万数千年ほど前に弓矢が発明された。そのころ人間は、氏族共同体とよばれる集団をつくって暮らしていた。母性を中心とした血族の集団で、男たちは母やその子どもたちのために獲物をとり、平等にわかちあい、妻を求めるときには他の集団にでかけていって結婚した。集団の名はよく獲《と》れる動物や自分たちの祖先だと考えている動物の名がつけられ、その動物と自分たちとは親戚関係にあると考えていた。

この中で、まず最初に語られたのが動物の話である。彼らは親戚である動物の世界にも人間の世界と同じような秩序があると考え、自分たちの喜びや悲しみ、またこうありたいと思う規律や未来についての考えを、動物の世界に託して語るようになった。これが現在「動物ばなし」とよばれているものの祖先である。

人間が言葉を持つと同時に、話を持ったということは、赤ちゃんをみているとよくわかる。はじめ、ウックーン、ウックーン、ンマンマ、というような意味のない語をいっていた赤ちゃんは、やがてそのうちに、母親にむかって、「トウタン アッチタッタッタ」などいいにくるようになる。「お父さんがあっちへいってしまった」という意味だが、単語を組み合わせ意思表示をしているわけである。

その頃になると、かわいがっているクマの縫いぐるみなどを抱いて、しきりにクチュクチュと話しかけるようになる。何をいったい話しているのか、母親さえわかりかねるほど、まわらない舌でながながとしゃべっている姿をごらんになったことのある人は多いと思う。その時すでに赤ちゃんは、「おはなし」をつくりはじめているのだ。ちいさな子がひとり言をいいながらお人形と遊んでいる光景はよくみかける。そのとき、その幼い子は、人形に託して自分のねがいや生活を語っているのである。

ちょうど、そのように、言葉を持ちはじめた人々は、さまざまの話を語ったにちがいない。その話の中で、共感を呼ぶことの多い物語が残り、すこしずつ変わったりいっしょになったり、バラバラになったりしながら、みがきぬかれて、私たちの手許に語りつがれたのであろう。

民話と「民話の会」

もう一つ、現在でもよく問われることは、「民話」という言葉についてである。なぜ昔話といわないで民話というのですか、どこが違うのですか、という問いかけである。

実は民話という言葉は戦後つくられたものではなく、江戸時代からあったのだという。しかし、おそらくあまり定着しなかったのではないかと思う。その民話という言葉に、新しくスポットをあて、一つの運動として盛り上げていったことについては、前にも記したが「民話の会」の力が大きかった。

発足のくわしい年月日は知らないが、一九五二年ではないかと思う。昭和二十七年、終戦後の沸きたつような民主主義の運動が、三鷹事件、松川事件など一連の謀略事件によって弾圧され、朝鮮戦争が始まり、レッドパージがつづき、暗く重苦しい空気が日本をおおっていた時代だった。「暗いんです。何ものをいえません、職場は全く変わってしまいました」そのころ若い友人が悲鳴のように書き送ってきた手紙を私は忘れることができない。しかし、その中で、土の中にもぐりこんだ種子が、もう一度土を押しのけて芽生えようとするように、暗さの中で胎動をつづけた時代だったと思う。それが私の実感だった。

その時期に「民話の会」は発足した。掌からこぼれ落ちるように生まれた会です、と創立者の一人である吉沢和夫氏が話されるのを聞いたことがある。はじめは、木下順二、岡倉士朗、山本安英、松本新八郎、林基、吉沢和夫氏たちで月に二回、一回に二十円の会費を集めて話し合う気楽な会だったという。そんなところから、掌からこぼれるようにという表現で感想を述べられたかと思うけれど、会は大きく発展をつづけ、客観的にみれば私などはこの会によってどれほど大きな力を与えられたかしれないのである。

民話は発見されねばならぬ、かつて生きていた民話の命をとらえ今の世の中によみがえらせたい。伝統的な話と、新しく生まれた話と、二つのもののつながりを見いだし、伝統の重みを含みつつ、現代に生み出される新しいものを生もう、民族のエネルギーを正しく表現する文化を創り出そう、こうした意欲に燃えて、「民話の会」はエネルギッシュに、創造面、理論面での活動をつづけた。

同じころ「民族芸術を創る会」という会があり、松本新八郎、吉沢和夫、林基、江田豊氏などを中心に活動がつづいた。人形座の木村次郎氏、瀬川拓男氏、後に絵本作家として活躍する瀬川康男氏、同じく後にわらび座を創られた原太郎氏もこのメンバーだったと思う。私は病身のため、ほとんど数えるほどしか二つの会に出席していないけれど、遠い海鳴りを聞くように、民族の鼓動を感じた記憶があり、この二つの会に所属した人々の運動によって、「民話」という言葉は定着していった。

民話を育てる立場

前にも述べたように、山を越え村の老人に昔語りを聞こうとするとき、最初からこの老人はすぐれた話者であると紹介がないかぎり、本格的な昔話の語りを期待することは無理である。聞かれるのは村に伝わる伝説や世間話のたぐいが多い。私などは、そのあたりにむしろ語り伝えてきた民衆の生活の重みを感じ、感動もするのだけれども、従来の民俗学的な立場での採訪は、昔話以外のものを重んじない傾向があった。

しかし、それではいけないのではないだろうか。

伝説といい、世間話という断片的なものの中に、実は民衆の持つ切実な感情が語り込められているとするなら、それらを昔話と一つにひっくるめて、「民話」という名称でよんではどうだろう。

けれどもただそれだけならば、たとえばすこし長たらしいけれども、昔話・伝説・世間話とつづけて呼んでもいいわけで、やはり民話と呼ぶからには、それだけの姿勢なり視点なりが必要になってくると思う。祖先から受けとったものを、ただそれだけを大切に保存する……ちょうど考古学者が壺の破片を保存するように……というだけではなく、そこに新しく生み出されてゆくものをも加え、発展させてゆく立場である。民衆のエネルギーの中から無意識に生み出されてゆく民話を信頼し、見つけ出し、育てる立場である。

考えてみれば、小泉小太郎を知って私の中に湧き上がった感動、太郎を新しい日本の主人公にしたいという願望は、当時の民話運動と切り離せないところにあったのだった。

8 「小泉小太郎」から「龍の子太郎」へ

三匹のイワナを食べると龍になる

『信濃の民話』をまとめ終わるとひきつづき『秋田の民話』をまとめるべく、その翌年の昭和三十三年、瀬川は秋田の採訪に入り、私は身体の状態もあってもっぱら資料の整理や再話に当たったが、資料にふれるたびにその一つ一つがいきいきとした感動となって伝わってくるのを感じた。

これはいま思うと、東京生まれの東京育ちだったからかもしれない。地方の人にとっては幼い日から慣れ親しんでいる世界、日常的な世界が私にとってはまったく未知の世界であり、一つ一つが新鮮であった。

秋田の民話を調べていく中で、私は三匹のイワナをひとりで食べたため龍になった、という伝承に心をひかれた。有名な八郎潟の八郎の発端がこのかたちで始まるが、八郎だけではなく山の奥深く断片としても残っているということは、この話の北の国における思いの深さをあらわしているように、私には思われた。

ある男が山に入って仲間と分けあって食わねばならぬ三匹のイワナを、つい魚の焼ける香ばしいにおいにひかされて、一匹食べ二匹食べ三匹食べてしまった。するとのどが焼けつくようにかわき、腹ばいになって川の水をごくごくと飲み干すうちに血は逆流し、みるも恐ろしい蛇体となってしまったというのである。それは貧しい山の暮らしの中で、獲物は必ず平等に分けあうことが厳しい掟だった時代の、古い言い伝えではなかろうか。

——三匹のイワナを一人で食べると龍になるぞ、東北の山深いあたり、あちらの谷あい、こちらの谷あいでひっそりとそれは語り継がれたのだ。

小泉小太郎から龍の子太郎へ、私の胸の中にはいつもこのテーマが鳴っていたが、秋田の民話を知る中で、すこしずつ、すこしずつまとまっていくのを私は感じていた。なぜ太郎の母が龍となったか、その設定に三匹のイワナの物語を据《す》えてみたい。ひろびろとした土地を切り拓く太郎、われとわが身を山に打ちつけ、傷だらけになりながら、命をもかけて太郎に協力した母、広い土地を求める心は山国である信州の人々にとって、いや、日本の山国にすむ人々にとって、切実なねがいだったにちがいない。その貧しさ、狭さからひろびろとした土地へ——。

貧しさゆえに三匹のイワナの掟はきびしかったといえるなら、その結びつきは自然ではあるまいか。

しかし、小太郎の母は、なぜ三匹のイワナをたべたのだろう。ただ、おなかがすいていたからというのでは悲しすぎる……。そのときひらめいたのは、私が体験した悪阻《つわり》のことだった。

人によってその辛さは違うけれども、においをかいだだけで吐き気をもよおす食物もあれば、どうにもならないほどからだが要求し、口にしないではいられなくなる、この悪阻というもの、男性には無縁のものだけれども、女性にとっておおかたは避《さ》けることのできない業《ごう》のようなものである。もちろん作品の中でくわしく説明することは必要ないけれども、太郎の母が三匹のイワナをたべる必然性をそこにおくことによって、貧しさの、さらに底辺にある女性の哀しさを据えてみたい。

小泉小太郎から龍の子太郎へ、こんなふうな経過をたどりながら、かたちづくられていった。祖先と自分との、合作であるという実感があった。

秀男ちゃんの「うたい投げェ」

もう一つ、『龍の子太郎』のあとがきに、この作品は祖先との合作であると同時に、子供との合作である、と書いた。

祖先との合作ということについては、いままで書いてきたことで、納得いただけると思う。合作ということは、祖先の伝承べったりでなく、その物語にこめられた祖先の魂をさぐり、その息吹を胸に受けとめ、そして私と一つに溶けあっていく中で、その物語を発展させていくことではないかと私は思っているのだが、そこにもう一つ、子供との合作が、子供のための物語には大切な要素になると思う。

そのころ、金町の私たちの家には、子供たちがよく遊びにきた。その中から「絵の会」が生まれ、瀬川康男氏が先生として四谷からてくてく来てくれた。私はおはなし係のようなもので、みんな若かったし、貧乏だったけれど楽しい時代だった。子供たちは一、二年生のわんぱくな男の子たちが多く、当時、テレビも出はじめでまだ各家庭にない頃のことだったから、集まるとすぐ相撲をとるのが毎度のことだった。その子供たちの中にちびの秀男ちゃんという子がいた。ちびだから、がんばってもがんばっても相撲に負けてばかりいた。

ある日のことである。今日も相撲が始まって、ふとみると秀男ちゃんが大きな子とがっちり四つに組んでいるところだった。やれやれ秀男ちゃん、また負けるな、と、みんな思った。ところがそのときである。秀男ちゃんが四つに組んだまま歌をうたいだした。これにはみんな呆気にとられた。秀男ちゃんは顔を真っ赤にしてドラ声をはりあげる。思わずみんながゲラゲラ笑いだし、四つに組んだ相手の男の子もぷっとふきだした、ふきだせば力がぬける。そのとたん、秀男ちゃんは相手を投げとばし、いったものである。「うたい投げェ」

このちいさな出来事を思い出すたびに、私は「子供は本来、民話の主人公なのだ」

などとつぶやいてしまう。それと同時に民話の発生をみる思いがするのである。「彦市とんちばなし」とか、「吉ちょむばなし」とか、さまざまの笑話の主人公は、たいていが実在の人物といわれ、そのくせ同じような話があちこちに分布し、というかたちで、拡まり定型化している。

もし秀男ちゃんが「うたい投げェ」といったと同じようなとんちで先生をやっつけたり、母親をやっつけたりしたならば、それは「秀男とんち話」として語り継がれたにちがいない。そして、語り継がれていくうちに、さまざまのとんち話がいりまじり、定着していくにちがいない。

田にしの知恵・弱者の知恵

動物民話に「田にしと狐のかけくらべ」という話がある。熊本県に残る話を引用してみよう。

むかしむかし、田螺が狐にとびぐらひご（かけくらべ）をしようと云い出しました。

狐が田螺に「主《ぬし》は、こさくな（小癩《ママ》な）足も持たぬごとあるもんな、なに云う」

と云いました。しかし田螺もさる者で、「雑言《ぞうごん》はさて置いて、一っちょ勝負しゅ」とて、共にならんで田螺の号令でとび出すこととしました。

田螺が、「一《ヒー》―二《フー》―の三《サン》、さぁとぶぞ」とて、狐の尻尾に、ぴったりとすいついたのです。

そんなことは承知なしに狐はデヤンヂヤンとんだのです。田螺は相かわらず、その尾にぴったり、くっついています。狐も一生懸命はしったものですから可成りつかれて、あの田螺めが、どこまで来たかと、ふりかえって見ました。

その拍子に、田螺は、今迄しっかりと、くっついていた蓋をあけたので、その体は一間ほど先に、はね落ったのです。

そして、後《うしろ》をむいて自分を探している狐に、「主《ヌシャ》や、そこかい、おどんは、もう此処へ来ちょるぞ」と叫びましたので、狐もふりかえって見て、自分よりも一間ほど、先にいる田螺を見て、べそをかき、このとびぐらひごは田螺の勝となりました。（八木三二「肥後国阿蘇郡昔話十篇」・『民俗学』四―七）

人間が話を語りはじめた歴史の中で、動物民話がいちばん古い形だろうといわれている。この「田にしと狐」の話は日本がまだ大陸と地つづきだった頃、フィンランドから、カムチャツカ、日本にかけて獲物を追って放浪をつづけていった原始民族の中で生まれたものだという。

からだの小さいもの、力の弱いものと、からだが大きいもの、力が強いもの、この関係はどんなに人類が進歩しても克服しがたい差だと思う。階級のない古い時代に私たちの祖先は、「田にしと狐の競走」を語ることによって、小さなもの、弱いものが大きなものにどう打ち克《か》つかを教えた。そして秀男ちゃんは、新しい民話の主人公として「うたい投げ」を編みだしたのである。

私はこの「うたい投げ」を龍の子太郎と鬼とが相撲をとるところで使った。

でんでらでんの　でんでらでん
でんでらでんの　でっかい鬼のへそは
二百十日の　ソレ　風穴だ

鬼のへそをみた太郎が思わずうたいだし、エヘラと鬼が笑ったところを投げとばす、というふうにである。

民話の中で、鬼と人間が闘う闘い方はいろいろある。炒《い》り豆の食いくらべをしようといって、鬼には小石をくわせ、人間は炒った豆を食って勝つという話もある。また、舟に乗って逃げ出した姉と弟を追いかけてきた鬼が、腹ばいになって川の水を呑み出した。舟はぐんぐん鬼のそばに吸いよせられていく。そのとき姉がいきなり尻をぺらりとまくってぺんぺんと叩いてみせた。それをみた鬼はぷっと吹き出し、呑んだ水を吐きだしてしまったので、舟はつうーっと押し出されて姉と弟は無事向こう岸に着いたという話もある。

さまざまなかたちはあるけれど、どれも鬼という身体も大きく、力も強いものに対し、身体も小さく力の弱い人間が知恵の力を出して勝つというかたちである。とするならば秀男ちゃんのうたい投げは、そっくり民話の中で生きるのではないだろうか。『龍の子太郎』はもちろん語り伝えられた小泉小太郎ではない。だから民話とはいえないのだけれども、単なる創作といっては、どこか違うという気がする。やっぱりそれは祖先と私との合作であり、子供との合作で生まれた作品としかいいようがない気がする。

信州の太郎から日本の太郎へ

もう一つ、龍の子太郎がかたちづくられていくなかでの問題点は、龍の子太郎が小泉小太郎という信州の物語を芯としながら、秋田からも想をとり、日本のさまざまの民話を組み合わせていることである。

小泉小太郎から龍の子太郎への過程は、信州の太郎から日本の太郎へという典型化の過程でなくてはならない。ある土地の「舌切り雀」を再話するとき、それはあくまでもある土地の舌切り雀であると同時に日本の舌切り雀の典型でなくてはならない……のではあるまいか。

そうした考えが日本の太郎への道筋の中で、信州だけではない日本のさまざまの民話から想を得させたのであった。人によっては空を飛ぶ白馬を日本の民話とは違うように思っている人もあるらしいけれど、これとても信州に残っているのである。

この方法はその後書かれた『まえがみ太郎』でも、『ちびっこ太郎』でも同じである。『まえがみ太郎』は、『秋田の民話』をまとめたあと和歌山へ採訪の旅に入ったが、その旅から生まれたものである。

北欧の民話を思わせる牛鬼、それは淵に棲み、月のよい晩にはウォーンウォーンと啼きながら山を登っていくという。人間の影が好きで嘗《な》めてしまうという牛鬼は、真夜中、放し飼いをしている牛を嘗め丈夫にしてくれるともいう。また山々を駆けめぐる天狗たち、山の御殿に棲むという大蛇、その御殿は晴れた日には輝いてうっすらと浮かんでみえるという。私には和歌山が神秘的な世界として残り『まえがみ太郎』となった。

土着の民話から、民話的発想による長い物語へ――、このジャンルをどう呼んだらいいのか、まだ日本には定着した呼び方はないようである。ロシアでは「せむしの小馬」や「石の花」があるけれども、それはどういう呼び方をされているのだろうか。ともかくそれが「民話の再創造」と呼ばれるにせよ、「創作民話」と呼ばれるにせよ「民話的創作」と呼ばれるにせよ、実は呼び名は私にとってどうでもいいことなのであって、私をそこへ押しやったのは民話のもつ魅力なのだった。

第二部　民話の魅力

1　象徴的に語ることについて

掌に握った米が餅になる

民話の魅力とは、いったい何なのだろう。人それぞれ民話との出会いがあって、魅せられるところも違うと思うが、私にとって大きな魅力の一つは、民話が象徴的にものごとを語っていくところだった。

三匹のイワナもそうだけれども、民話は時間と空間を越えて一気に語りかけてくるところがあり、くだくだしい説明や、心理描写がない。

私の好きな話に、「つつじの娘」という話がある。

むかし、ある山の村に、ひとりのいとしげな娘《むすめ》がいた。

あるとき、山を五つこした先の祭りにまねかれて、村の若者と知りあった。

うるしのように暗い山あいに、そこだけぽっと明るく、かがり火はあかあかと燃え、夜もすがらうたい、踊《おど》り、やがてしらじらと夜が明けたとき、娘と若者はたがいにわすれられんようになっていた。

しかし祭りがおわってみれば、娘と若者は逢《あ》うこともない。

娘はぼんやりと山を見ている日が多くなった。あの山さえなかったら、あの山さえなかったら……娘は山を見つめつづけた。

ある夜のことだった。娘は、ちらちらと一つの火が、山をこえていくのを見た。娘は、あっと思った。

「そうだ、山をこえて逢いにいけばいい。そして、その夜のうちにもどっていれば、だれにも知れはしない。」

娘はその夜、こっそり家をぬけ出すと、山道を走った。

一つ山をこえ二つ山をこえ、三つ山をこえると、胸ははりさけそうに苦しく、ひざはふるえ、足はもつれた。

けれども娘は、火のような息をはいて走りつづけ、四つめの山もこし、五つめの山もこえ、ようやく若者の家までたどりついた。

ほとほとと、戸をたたく音に戸をあけた若者は、娘を見ておどろいた。

「どうしてここへ……。」

「おまえに逢いたくて、山をこえて。」

「山を五つもこえてか。」

娘《むすめ》はこくんとうなずくと、若者の前に両手をさしのべて、ぱっとひらいて見せた。そこには、つきたての餅《もち》が一つずつのっていた。

その夜、ふたりはしあわせであった。

それからというもの、娘は毎晩のように若者をたずねてくるようになった。ま夜中、戸をたたく音に若者が出てみると、娘が立っている。その手にはかならず、つきたての餅がにぎられていた。

ねむらずに、娘と語りあう夜がつづき、若者はしだいにやせ、顔色も青ざめていった。

「いったい、どうしただ。」

仲間の若者に問いつめられて、若者は、とうとう娘の話をした。

「そりゃ、魔《ま》ものだ。魔性《ましょう》のものだ。人間の女じゃねえぞ。女の身で、あの山を一つ二つならともかく、一夜のうちに五つもこえて通えるものか。」

あらしの夜がきた。今夜はくるまいと思って、はやばやとねむっていた若者は、人の気配におどろかされた。そこには、髪《かみ》の毛《け》も、からだも、ずっくりとぬれた娘が立っていた。その目はきらきらとはげしい光をたたえ、手にはつきたての餅がにぎられていた。

　若者はぞっとした。

「おら、おまえが魔性のものではないかと思うようになった……。」

　若者は、ぽつりといった。

　娘は泣いた。

「おまえに逢《あ》いたい一心で、わたしは山をこえてくるだけなのに……。ふつうの、ただの娘《むすめ》なのに……。」

　涙《なみだ》が娘のほおをつたった。

「家を出るとき、餅米《もちごめ》をひとにぎりずつにぎって、おまえに逢いたい、ただそれだけで山をこえ、山をこえて走りつづけるうちに、いつのまにか、てのひらの米は餅になっているのです。

　どうかおねがいだから、魔性《ましよう》のものだなどと、そんな恐《おそ》ろしいことをいわないで……。」

　けれどもその夜、若者は、はじめて餅を食べなかった。

　若者は、しだいに娘が恐ろしくなった。それはいとわしさにかわった。

「魔性のもんだ、生かしてはおけねえ。」

ある夜、若者は娘のやってくる山へ出かけていった。そして、刀の歯とよばれる険しいがけの上で、まちぶせをしていた。

やがて、娘の姿が、ぽっつりと見えてきた。両手をにぎりしめ、髪《かみ》をふりみだし、風のように走ってくるそのありさまは、月の光にてらされてものすごく、若者の目には、てっきり魔性のものと見えた。

「おのれ魔もののめ、思い知れ！」

若者はいきなり飛び出すと、娘の足をすくった。

娘はまっさかさまに、がけから落ちていった。

あわれな娘の血がしたたったのか、やがて、そのあたりには、まっ赤なつつじの花が咲《さ》きみだれるようになったという。（『松谷みよ子の本　第2巻』講談社・平成六年）

実はこの話も信州上田の太郎山に伝わる話で、太郎山のかなり高いところにこの娘がいたという村があり、どうしてあんな高いところに、とたずねたら、なに、むかしこのあたりは塩水湖で、あの村は波打ち際だったのですといわれて驚いたことを覚えている。信州にはよっぽど広範囲にわたって塩水湖があったらしい。

それは別として、この話はいってみれば一冊の長篇になる重みをたたえている。それなのに民話として語られる場合は、ごく短い。民話の中ではそれが美しい娘であっても、単に「いとしげな娘」という程度しか語られず、南の島で「照る日も曇らすほどの」という形容をみつけたが、それ以上はやはり語らないのである。

だからこの物語の中でも、女と男の心もつまびらかには語っていないけれども、掌に握って走った米が餅になったというこのひとことで、女の愛がいかに深く、激しかったかを知ることができる。同様に、夜ごとその餅を食わされた男が、しまいにはその激しさにたじたじとなり、魔性の女と思いこんでいく、その道筋も聞き手にはすとんと胸に落ちるのである。

女と男という永遠のテーマについて、それこそ幾千幾万という作品があるだろうけれども、握りしめた米が餅になるという象徴的なできごとがすべてを語りつくす、これはやはり民話だからこそではあるまいか。

「餅を握りしめて走る女」

この話はふしぎに人に愛されて、ほかの話はみんな忘れてしまったけれど、掌に餅を握りしめて走っていく娘の話だけは覚えているといってくださる方が多い。「原爆の図」を描かれた丸木俊さんもそのおひとりである。

ちょうど原爆の図の第十二部にあたる灯籠流しの図が完成した頃で、その絵の前で俊さんは広島の灯籠流しの話をしてくださった。人々は死者への思いをこめて灯龍を流す。しかし人々の寝しずまった真夜中、火が消え、波にこわされた灯籠が沖から潮にのって帰ってくるというのである。しんと暗い真夜中の海辺に打ち返されてくる灯籠……その無惨さ。「絵にも描けません。文にも書けません」俊さんはいわれた。

その頃私は、広島に関《かかわ》る作品（『ふたりのイーダ』）を書いていたので、そのお話は重く心にこたえた。たしか、その日のことだったと思う。私がこの「つつじの娘」の話をしたのは。

ふたりの女がその時おたがいに、おたがいを知りあった、というような表現を、そのあと俊さんはされたけれども、灯籠流しの話をずっしりと私が受けとめたように、「つつじの娘」の話は俊さんの心にゆっくりと沈み、定着したらしい。ある新聞に、松谷さんも私も掌に餅を握りしめて走る女なのです、と書かれた一文を偶然拝見したことがあり、私はいたく恐縮した。

けれども走りつづけているうちに、はっと掌を開いてみたら餅になっていたという実感は、振り返ってみればわかる気がする。結婚と同時に人形劇団を結成したこともあって、劇団のこと、家事のこと、書くこと、育児と、私は家の中でさえ走りつづけてきたような気がする。走らなければ何しろ間に合わなかった。そんなふうに夢中で走りつづけたことが、掌の餅になって私には何かを与えられたという気がする。それは、いま振り返って思うことなのだけれども。

餅を矢の的にした長者の話

餅というともう一つ、思い出されるのは、餅を的として射た長者の話である。『豊《ぶん》後《ご》国風土記』にもみられ、伝説として阿蘇などでも語られているこの話は、おごりたかぶった長者が、ある秋の収穫の祝いに餅を的にして弓を射させた。すると餅はみるみる白い鳥となって飛び去ってしまった。長者はその時から没落してしまったという話である。

私は幼いころ、米という字がなぜできたかを聞かされたことがある。米という字は八十八という字でできており、一粒の米をつくるために八十八の手間を掛けるのだ、だから一粒の米でも粗末にしてはならんと、だれからともなく聞かされてきた。今のように農薬のない時代、豊穣《ほうじょう》の秋を迎えることはどれほどの困難があっただろうか。稲作に対する信仰的儀礼の数多さがそれをまざまざと語っている。

今年、新潟県で小正月の前夜、鳥追いをする子供たちをみた。雪は家々に真綿をゆったりと着せかけたようにその重みで垂れ、田も畑も一面のまろやかな雪で起伏し、その間の白いほそぼそとした道を、子供たちは一列になってうたいながらいく。ボン、ボン、にぶく太鼓は鳴った。雪の中をボンボンと太鼓を鳴らしながら、終夜、鳥追いの行事をつづける子供たちの姿には、今はただ過去の名残となった行事のようでありながら、やはり農民の敬虔《けいけん》な祈りの姿があった。餅花を飾り、御田植祭、鳥追い、水口祭《みなくちまつり》、初田植え、虫送り、雨乞い、日乞い、雑多に並べてみてもどれも稲作の豊かな稔りを願う切ない祭りであり行事である。

そしてようやく秋を迎え、刈上げの祭りの日、長者は餅を弓遊びの的とした。はたはたととびたった白鳥、これは霊魂のあらわれである。人が死んだあと、鳥になる話は多い。一年の年月の重みをこめ、労働と祈りによって、でき上がった餅はただの餅ではあり得ない。その餅を射たとき、稲の精霊は鳥となって翔《かけ》り去っていったのだった。

その日のうちに終わるべかりし田植えが終わらなかったために、沈みゆく太陽を扇で招き返し、没落していく湖山《こやま》長者（鳥取県）の話があるが、どちらも実に象徴的に、短い話の中にすべてを語りつくしている。

嫁さのぼがーん

何とも大らかで、ユーモラスなのは、屁ッぴり嫁さの話である。『聴耳草紙』（佐々木喜善）にあるのは、およそ次のような話である。

昔、あるところへ嫁がきた。毎日青い顔をして鬱《ふさ》いでいるので、姑が心配して「どうしてそう鬱いでいるのか、わけがあったらいわせ」ときいてみると、嫁はしょんぼりとして「私には一つ悪い癖がござります」というた。姑は重ねて「どういう癖か」ときくと「屁をたれる癖で」とますます下をむいた。姑は呆《あき》れて、「何をいうやら、行儀作法にも程《ほど》というものがある。そう青くなるほど我慢してはからだにわるい。今日は丁度兄さもいねえから、さあさあ、思う存分気を晴らしたがいい」といった。

嫁はひどく喜んで、「それでは御免こうむって致しますが、私のはただの屁ではないから、おっかさんはあの庭の臼へしっかりとつかまっていてくだされ」といった。姑もこれには驚いたが、仕方がないから庭へ出て臼にしっかりとつかまっていると、嫁はやがて着物の裾《すそ》をまくって、ぼがあんッと一つ大きなのをたれた。とたんに姑は臼ごと吹きとばされ、馬舎の梁《はり》にしたたか腰を打ちつけて怪我をした。

そこへ兄さが帰ってきた。たまげてわけをきくと屁のせいだという。兄さは歎《なげ》いて、たとえ俺は一生妻を持たぬことがあるとも、現在の親を屁で吹きとばして、怪我をさせるような嫁子は困る、里へ帰そうと嫁を送って出た。途中、ある村を通りかかると、浜の方から山を越えてきた駄賃づけの者共が、道ばたの梨の木に石を打ちつけて取ろうとしていたが、一つも梨の実は取れない。嫁子は「おらなら屁ででも取ってみせるのに」と笑うと男共はひどく怒って、「何をいうか、そんだら屁でこの梨を取ってみろ、取れないときにはお前のからだを貰うぞ」と罵《ののし》った。「よし取りましょう。そんだら今いったとおり、もし屁で梨を取った時には、お前達の馬と積荷を下さるか。取れない時には私の体はお前達のものだ」「これは面白い、そうきめるべ」と話はまとまった。そこで女はしずかに裾をまくり、例のやつをぼがあんッとぶっ放した。すると大きな梨の木が根こそぎ、ワリワリと吹き倒されてしまった。嫁子は約束通り、織物七駄、米七駄、魚荷七駄、あわせて二十一駄の荷と馬を受け取った。

それをみた息子は、こんな宝女房をどうして里へ帰されようかとて、家へ連れて戻った。（後略）

この話は南から北まで分布し、現代でも子供たちの人気が大きい。「嫁御の屁五臓六腑を駆けめぐり」という江戸時代の川柳があるというが、屁をすることも許されないような嫁の存在は、また屁のように見下げられてもいた。疎開していたころ厳寒の信州で嫁が炬燵《こたつ》にも遠慮して入らないでいる姿を見た。「入れや」と声がかかるまで入ることができないのである。また東北地方のある婆さまも、切々と嫁の時代の苦しさを語ってくれたことがあるが、やはり厳寒、畳もない板敷きに足袋もはかずに坐って縫い物をしたという。

この耐えに耐えていた嫁のエネルギーがどんなに強力なものであったか、ぼがーんという屁の音は聞く方も語る方も、まことに溜飲の下がる爽快なものであったに違いない。何とも象徴的なぼがーんである。これが、ぶうーっとおならをした、と語られたのでは（そう語っているものもあるが）、やはりこの話にぴったりしない。どこまでも、ぼがーんでなくてはならないと私は思う。

2　貧乏神のこと

二つの「貧乏神」話

民話に魅せられることの一つに、そこに語りこめられた人生がある。どの話をとっても人生が語られていないものはないけれども、やはりそこに好き不好きがあって、思い返すたびにほのぼのと心が暖まり、また人生の厳しさにまむかう瞬間がある。貧乏神という神は、いつごろからわれわれの間に住みはじめたのだろう。貧乏は遠い昔から変わることなくあるわけだが、貧乏神、福の神と対《つい》で呼ばれた時代は、そう古いことではないと思う。

私はこの貧乏神の話が好きなので、いくつかを引用してみたいと思う。

節分の晩に、親爺がユロリにあたっていると、タカ（天井）から爺が下りて来た。親爺は、爺が急に現れたので恐しく、こわごわ見ていると、「俺は貧乏神だ、お前とこに長いこと御世話になった。もう暇を貰う。何ぞ御礼をしたいが、明日の朝、此の前の道を三匹の馬が通る。始めの馬には金を一貫積んどる。次の馬には銀を一貫積んどる。終いの馬には銅を一貫積んどる。其の中のどれでもくらがしたら、其の物がお前の物になる」といって其の家を出て行った。親爺は、其れを聞いて喜んで、翌《あく》る朝が来るのを待っとった。いよいよ翌る朝は、早うから起きて、前の道に出、棒をさげて三匹の馬の来るのを待っとった。見ると、向うから、金を載せた馬が元気ようやって来た。親爺は棒を構えていたが、ようくらがさずに馬は走ってしまうた。次に、銀を載せた馬がえらい勢いで走って来た。今度こそと、棒をふり上げたけど、これもようくらがさずにしまうた。三匹目の馬もあかなんだ。そうして、其後から、トンブリトンブリやって来た爺をくらがしてしまうた。これは昨日親爺の家を出て行った貧乏神だった。貧乏神は「今年も又御世話にならして貰う」といって家へ戻って来た。（西谷勝也「城崎郡昔話」〈兵庫〉・『昔話研究』二―八）

こういう話もある。

昔昔、或所に、平作と言う貧乏な百姓あったどさ。何ぼ稼いでも、家の暮しァ楽にならなヱへで、終《しまい》に、あぎれで家の中でねでばり居だどさ。ゴデ（主人、又は夫）ァこんな風だがら、嬶《かか》も働く張合がなく、箒一本手にする事なく、家の中は、何時も、ほごりだらけになってえだず。或時、平作ァ押入れ開げて見だば、がらくた物の上に、少さヱ疲せだ爺様ァねまって（坐って）居だどさ。『おいおいお前誰だ』て、平作聞いだば『俺ァ貧乏神だ、お前の家ァあんまりすきなので、半年も前がら厄介になって居る』たで、平作ァどでにして（びっくりして）『俺の家あ貧乏なのも、この貧乏神の為だ』と考えて、手あぐらかいで、一日考えだず。そしてその晩こっそり嬶に『あんな貧乏神に居られでァ、俺ァ貧乏するのァ当前だ。何《な》じょにしべ』て言って、次の朝間早く引越してしまうように、ソコソコど、相談したず。したえば、押入れの中で、ガサガサと音ァしたで、何だと思って行って見るど、貧乏神の爺様ァ藁靴作って居だず。平作ァ『お前ァそんたなもの作って何にする？』て聞たば『お前達ァ引越しすづがら、明日の朝間までに作って、一緒に行くべど思って』て言ったど。平作ァそれ聞いで、がっかりして、そばに坐ってだ嬶さ『この貧乏神ァ俺の行く所さば、どごでもかだって（一緒）に行ぐず。そして見ればば何処さ行ってもよくなヱ。一層の事何処さも行がなヱで居るぜ』たえば、嬶ァ『どうせ同じ苦労するなら、此処でうんと心を入れがえで働く事にしたら』て言ったず。それがらは平作夫婦ァ生れ変ったように、朝間は暗い中がら、夜はあ月様出るまで、山さ行って稼いだず。そしたば貧乏神ァ『これァ、俺ァ何処さが行がなェばなェ』て平作ァ知らなェでら中に居なくなったどさ。どんどはらい。（菊池勇『二戸の昔話』〈岩手〉・自刊・昭和十二年）

貧しさからどう脱出するか

この二つの貧乏神の話は、どちらも貧乏に打ち克つためには、ただあきらめてごろごろしていても駄目だというテーマを含んでいるけれども、そのよってたつところはずいぶんと違いがある。

兵庫県の話は、香川県や愛知県、新潟県などに類話があり、神さまや殿さまがつぎつぎにやってくるのになぐりこめと教えられる。ところが勇気のない爺はどれにも打ってかかれず、結局はもとの貧乏神がやってくるという話で、香川の佐柳島に残る話は、その晩は失敗するが、もう一度行列がくるからといわれ、次の機会に殿さまをなぐって、分限者《ぶげん》になるという話である。

第二話の岩手の型も山梨・広島等に残っている。山梨の貧乏神は、貧乏神というより怠け神で、その家の主人が困って働き出すと小さく痩せて出て行くという話である。

岩手の話は押し入れの中の貧乏神といい、平作といい、嗅といい、その人間像がいきいきと語られている。とくに平作と嗅がこっそりと相談したはずなのに、いちはやく察知した貧乏神が小さな藁靴をせっせと作っていたなどというあたりは、働いても働いても食えないという庶民の哀しみが、ユーモアを湛《たた》えながら語られている。

しかし、この哀しみを「心を入れがえで働くことにした」ということで終末にしたことで、この話は常識的な、あまりにも常識的な落ち着き方をみせ、がっかりさせられてしまう。確かに心を入れかえて働けば仕合わせはくるかもしれない。しかし、どんなに心を入れかえてもどうすることもできない現実の中で単なる教訓話としてしか民話がないならば、それはごくつまらないものになってしまうだろう。

第一話はそれに比べてはるかに魅力的である。貧しさからぬけ出すための機会と試練が与えられ、勇気が試される。主人公が立ち向かわねばならないものは、神であり、殿さまである。大歳の夜、暗闇の中から現れる神々を棒をもってたたくということは、勇気がなければできないことだった。それが殿さまであれば、また別の意味で足がすくみ、一歩も足は進まない。しかし、その怖れを乗り越え、機会をつかみ、打ちおろす、その行為がなくては貧乏は追い払えない。

これはまったく意味深いことではないか。どこかへ逃げ出しても仕合わせはこない。やはり貧乏神はついてくるのである。貧しさからぬけ出すこと、それは権力との対峙なしにはあり得ないのではなかろうか、もし、その勇気を持ち得ないとしたら、決定的な瞬間に跳躍に踏み切ることができなかったとしたなら……その時はまた貧乏神と連れ立って帰るよりしようがないのさ。

この民話は、私にはこう語りかけてくるのである。

貧乏神が福の神になる話

ところが二年ほど前、私はまったく別の貧乏神の話を聞く機会を得た。山形県最上郡鮭川村の土田アサヨ・マサエというおふたりのみごとな語り手を訪ねた時のことだった。ちょうど小正月のこととてアサヨさんマサエさんはほんのりと祝い酒に頬を染めながら、さまざまな「むがし」を語ってくださった。その一つがこの貧乏神である。

むがし、むがし。ある村さ、若げ夫婦者がいだったど。

そごの家《え》には、昔《むがし》から貧乏神《びんぼ》が一人《ひどり》、ずっと、住んでいだったど。その若げ二人《ふだり》の働ぐて、働ぐてな。酒も飲まねし、煙草もやらねでいるもんで、働ぐ一方だどや。すっと、金のたまるもんでな。二人の働ぐ銭《じえに》で、どんどど、金持《かねもぢ》になっていぐけど。すっと、長年住み慣れた貧乏神、とても、住んでいらんねぐなったど。

ある、年越しの晩な、家《え》の上方《うえかだ》の方《ほ》で、大胡座《あんぐら》かいた大入道、泣ぐ声すっと。

「ないだて、誰泣ぐ声がど、思ってだれば、この、貧乏神さまだぜや」「アアン、アン。実は、俺はな、こごの家さ、長い年月厄介《やっけ》なった貧乏神だどもな、あんまり、大事《でいじ》されるもんで、行《ん》ぐて、行《ん》がんねぐなってきた。この日は、福《ふぐ》の神の到着する日なったさげて、俺は、もう終りで、別のどさ行《え》がなんなぐなったは。ほんでも、行《ん》ぎでぐねしなや。ほんで、泣きめそ面《つあ》しったなです」「ないだて。今まで居続げてくったもの、行《ん》がねでは。ずっと、こごさ、住んでくったら、えんねがや。福の神なの、追っ払ってやれ。福の神なの来《こ》ねたていいべ。来たら、追い出してけっさげて。今までどうり俺家《おらえ》の天井さ、住んででけったらなんたや」「ほだ、ほだ。俺達《だ》二人して手伝ってけっさげて、福の神なの、追い出すべ、追っ払えや」すっと、貧乏神、喜んでな「ほんねば、俺どさ、飯《まま》ば喰《か》せでくほ。腹さ、力入《へ》らねくてや。どうが一がだげ（一食）、でっつらど、喰《か》せでくだせや」「おい、おい」大っきな鮭のよで、飯ば一鍋《ひとなんべく》喰ったけ「おぎ（大層）、ご馳走《つそお》であった。どうが、俺どさ、応援してけろ。今、福の神が来るなば、追出《ぼだ》すさげて」

そごさ、福の神が来たどな。「こら、貧乏神。こんげ働ぐ家《え》さ、お前《め》なの向ぎんねべ。さあ、早ぐけづかれ（出て行け）！」って、すぐにも、入れ替りそうだど。「おい、おい、俺達《だ》応援してるて、忘れんな。ほら、応援してるさげて、負げんなよ。負げんなよ」って、応援してだれば、福の神、おっかなくて、入《へ》らんねどは。

ほすっと、逃げた。行ぎしめに（行きがけに）打出の小槌ば、忘ってってしまった。「ああ。えがったちゃ。こりゃ、打出の小槌て、いうもんだ。こりゃ、良《え》もの置いでってくった。こりゃ、立派だ」たんだ貧乏神喜んで「米出ろ！」「味噌汁喰《く》でさげて、味噌出ろ！　金出ろ！」って、叫《さが》ぶと、ちゃんと、その物が出でくるど。

米も山盛り、何もかも、一面、物ばりにして、貧乏神、大喜びだど。「こりゃ見事」ど、貧乏神は、もう、打出の小槌持って、すっかり福の神になった。福の神になって、そごの家《え》で、ますます栄えで、評判高ぐなったというごんだ。どんべすかんこ、ねっけど。〈マサエ〉（野村純一・敬子編『五分次郎』桜楓社・昭和四十六年）

いま引用した話は、その場でテープにとらせてはいただいたのだけれど、このおふたりを三年余にわたって訪ね、こもごも語る昔話を整理編集して一冊の本にされた野村純一・敬子夫妻の『五分次郎』からとらせていただいた。野村夫妻は昭和四十三年の四月からふたりの話者のところへ通って、記録したという。本が出版されたのは四十六年十月、歳月をかけて集成した『五分次郎』にはいままでの記録にない話がほかにもあって、まだまだ日本の昔話は語りつくされてはいないのだと驚嘆した。

『秋田むがしこ』を出された今村義孝・泰子《ひろこ》夫妻、山形の武田正氏、そのほか多くの方々が時間と労力と費用をかけて地道な採訪の仕事をされている。ありがたいことである。

連帯感とやさしさと

この「貧乏神」の話に私がいたく打たれたのは、貧乏神が福の神に変わっていく過程である。

よく働く若い夫婦は何年か後の年越しの夜、泣き声をききつけて初めて、わが家にすみついた貧乏神に対面したに違いない。そしておそらくは呆れたことだろう。にもかかわらず、福の神と入れ替わる貧乏神を「今まで居続けてくったもの、行《ん》がねでは。ずっと、こごさ、住んでくったら、えんねがや」といってひき止めるのである。

私はこの言葉を聞いたとき、その心の大らかさに感動した。世の中には元気なうちは親を便利に使っておきながら、足腰立たなくなったとたん、いや、立たなくなりそうな気配がみえてきたとたん、掌を返すように出ていけよがしに扱う人間もいる。それなのにこの若者夫婦は貧乏神をすら大きく包容しようと手をさしのべている。それは貧乏神に対するというよりも、貧しさの中に育った者たちの連帯感がそういわしめるのだろうか。そしてまたそこには、若夫婦が二人して築きあげてきた生活の、貧しさを越えて今という時点に立った自信が支えになっていると思う。だからこそこの若夫婦は貧乏神をすこしも怖れず、むしろうまい米の飯に鮭をそえて食わせ、応援するのである。共に貧しさをくぐりぬけてきた仲間としてすこしも差別しないのである。

そこへ福の神はやって来た。

私はこの福の神のことを考えると、クスッと思わず笑いたくなる。この福の神はエリートで、いつでもどこでも大切にされてきたに違いない。まして貧乏神と交替するのである。熱烈な歓迎を受けるだろうと思って胸を張ってやって来たに違いない。そうして頭ごなしに貧乏神をどなりあげる。

「こら、貧乏神。こんげ働ぐ家《え》さ、お前《め》なの向ぎんねべ。さあ、早ぐけづかれ！」

ところが米の飯と鮭を食った貧乏神は負けていない。若夫婦の応援団もついていることだから、一歩も家へよせつけぬ。エリートの福の神は生まれてこのかたこんな目にあったことがなかったものだから、ほうほうのていで逃げ出し、貧乏神は落としていった打ち出の小槌を持って福の神に変身するのである。

貧乏神がいつまでも貧乏神であることが多い世界で、この話のすばらしさは、そこから飛躍して貧乏神が福の神にみずからの闘いと、若い仲間との連帯で変わっていくことではないかと思う。嫌われ、蔑《さげす》まれ、しょぼたれた貧乏神を変えたのは若い夫婦のやさしさであった。私はそこにこの話を語り伝えた祖先のたくましさとやさしさを思うのである。労働に支えられたやさしさの中にある剛《つよ》さを思うのである。

3　ある夫婦愛について――爺と婆の

葬頭河の婆さ後家入り

鮭川の貧乏神の話は若夫婦の愛が爽《さわ》やかに語りこめられていたが、民話の中には夫婦愛を語ったものが多い。私の好きな話に「葬頭河《しょうじが》の婆《んば》さ後家《ごぎ》入り」という話がある。

爺さまど婆さまど、いっちも話し合《あ》ていたド。「のや婆さま、俺《おら》がだ、お互え歳《だけ》いた事《ごと》だし、いつ何ン時死なねもんでも無《ね》え、の、ええが、お前《め》先逝《い》たって、俺、後妻《ちゃもれ》等貰わねさげ、俺の方《ほ》先に逝たって、お前後家《ごぎ》入り等取らねっこだぞ、の、えが」「何だって、ごぎり等取るもんだって。幼な連れでこれまで連れ添《そ》たンでねが、爺さまがら先立たれっごったバ、俺、生ぎて居らンねちゃ」「そんな事言うもんで無《ね》え、せばが、お互どっち先逝っても、ちやもれ取らねっこだし、ごぎりも取らねっこだぞ」って固《が》だぐ約束したド。

ところでそれがら間も無ぐ、爺さまポックリ死んで仕舞《しま》たド。

婆さま力落どして、患いつく程だけでモノ。あだりがら力つけらって、こげして居らんねど思てノ、爺さま一人で地獄サ行たもんだが、極楽サ行たもんだが、丈夫だ時《どぎ》、あげたけお茶《じゃ》好きだけもの、今ころ定しぎお茶飲みだがてンであんめがど思て、お茶道具送《おぐ》てやたド。何でも堰サ流してやっど、あの世サ届ぐもんだド聞がされでだもんだサゲ、新《あっだ》らしお茶道具など買て、お茶も上等ンな買て、村端れの堰サ流してやたド。

そろそろ寒ぐなて来たでモノ。俺えの爺さまだバ、せやみで、あの世サなど、炬《こ》燵《たつ》なの有るもんだが、どうだが、せめて綿入れでも送てやっちゃど思て、婆さま夜なべして綿入れこさえでノ、墓塔原《はかどわら》サ置いで来っド、あの世サ届ぐもんだど聞いっだもんださげ、墓塔原サ綿入れ置いで来たけド。

そうこうしてる中《うぢ》、春ンなたド。お彼岸来っド、村うぢ巫女サ行て、口寄《くじ》せなどするごどなてだもんだが、婆さまも一人でくすンで居でも身体《からだ》サ毒だし、一遍《いっぺ》、爺さまどご、口寄せして、あの世の様子でも聞いで来るもんで、あんめがド思て、巫女サ行たでモノ。

その頃、弓張り巫女でもの有《あ》たもんだ。弓の弦、ベロレン、ベロレンど鳴らしてノ、死ン人《にん》のごど喋る訳だ。婆さま、先づ爺さまどご呼び出して貰て、あの世のごど訊《き》いだド。

巫女、仏さんサお灯明《とみよ》あげで、珠数《じよじ》繰り乍《なが》ら、くちゃくちゃ、くちゃくちゃ祈たバ、爺さま、出で来たでモノ。「あーら、懐しや」って、出はて来たでモノ。婆さま訊いだド。

「のし、のし、爺さまや、爺さまや、お前がらポックリ逝がって仕舞って、俺、どうせばええが、判らね。何《な》してまだお前ばり先サ行たもんだが……それ、それ、お前あったけお茶好きで、毎日飲んでだナ、あの世じゃお茶も好きの様《よ》飲まれんめど思て、お茶道具、新《あつだ》らしナ、送てやたンども、届いたけがや」って、そいたば、「届ぎゃ、届いだんどものー」べベロン。「あっちの小石原《わら》サ、ガーラガラ、こっちの道路端《どろばた》サ、ガラ、ガラ、土瓶の弦がで、来ねけちゃー」べベロン、でうでもの。

「あいや、くやしちゃ、惜《いだま》しちゃ、何てごどだで、それがら、去年の秋先ぎ、爺さま何ぼが寒がてンでろど思て、綿入れ送てやたンども、あンな、届いたけんでろ」「届ぎゃ、届いだんだものー」べベロン「あっちの藪《やぶ》サ、バーリバリ、こっちの木の根っこサ、ビーリビリ、袖も裾もち切って、襟ンどごど、おくみンどごがて、来ねけのー」べベロン、でうでもの。

「あらや、文字《もんじゃ》無えちゃ（なんとまあしようのない）何ンしたって、そんなごど、あるもんだが、……それはそうど爺さま、あの世で何ンとしてるや」って訊いたバ、

「俺のごどなど、心配《しんぺい》要らね。閻魔《えんま》さんの仲人《なかど》で、葬頭河《しょうじが》の婆《んば》さんサ、ごぎりなるごど決めだで」「何ンしたって、葬頭河の婆さんサ、ごぎりなるって。あったげどっち先死んでも、ちゃもれおば取らねっこ。ごぎりなど貰わねっこって、約束したんで無えが……。して、その葬頭河の婆さん、歳なんぼ成っで」ってそいたバ、

「歳は二十五で、女子《おなご》の盛りよー」ベベロン、でうでもの。

「くやしちゃ、くやしちゃ」でもんで、婆さま、巫女の仏さんなど、みなガラガラど、ぼこして、家《け》サ帰たド。

飛鳥《あしか》の権現さんの会式《えしき》来たでもノ。気ー、もしゃくしゃしっし、一遍、会式サお詣《め》りして見っちゃて思て、権現さんサ行たでもノ。

したば境内サ、何でら、彼《かん》でら見せ物一杯《いっぺ》、掛がったけド。カラグリだの、抜《の》げ首《くび》だの、いろんなもの並んででノ、ずーっと来たば、地獄極楽の生ぎ人形、掛がったでもノ。これ見だら葬頭河の婆さんのごども判ろちゃど思て、その生ぎ人形の小屋サ入《は》たド。業《ご》の量《はかり》なの、舌抜《の》がれるどごなの、あっけでもノ。しての、三途の河ンどこサ、白《しー》れ着物、着った女子《おなご》の人居だでもノ。これだがノド思て「こらし、こらし、その女子《おなご》の人、何だもんだや」って訊いだド。したばノ、小屋の人、「これは葬頭河のお婆《ばー》さん」でけでモノ。

「して、その葬頭河の婆さんでモノ、歳、何ンぼなって」ってそいたバ、

「歳は二十五で、女子の盛りよー」ってけド、婆さま、怒《ごげ》で、

「あら憎《にぐ》ちゃ、憎ちゃ」でもんで、その生ぎ人形、ダヂ、ダヂど、みな毀《ぼこ》して仕舞たけド。（佐藤公太郎『唐の大王鳥』みちのく豆本の会・昭和四十六年）

あの世とこの世で夫婦喧嘩

仲のいい老夫婦がおたがい、どっちが先に死んでも後妻はもらいっこなし、後家入りも取りっこなしと約束する。この「ちゃもれ取らねっこだし、ごぎりも取らねっこだぞ」という語りが何とも愛らしい。幼な連れでこれまで連れ添った、という幼な連れというのは、幼馴染みがそのまま一緒になったということなのだろうか、年若くして夫婦になったということなのだろうか。私には幼馴染みというふうにとれるのだが、何にしても幼いときの指切りそのままの、「何なにしっこなあし」という約束の仕方に、老夫婦の長い愛の生活がしのばれるのである。

それなのに、爺さんは突然死んで仕舞った。そのあとの婆さんは、爺さんが世に在るごとく、お茶が飲みたかろう、綿入れがほしかろうと思いやらずにはいられない。俺《おら》えの爺さまだバ、せやみで、というのは、背病みの事だろう。民話の中でせやみというと怠け者の代名詞になっているが、ここでは背中が真実痛むたちなのだろう。あの世サなど、炬燵なの有るもんだが、とただひとり案じる婆さまの姿は、涙がにじむほど哀しく、美しい。

それなのに爺さまはぬけぬけと、「閻魔さんの仲人《なかど》で、葬頭河の婆さんサ、ごぎりなるご決めだで」といい放つ。本当にまあ何ということだろう。婆さんの動転《どうてん》するありさまが目に浮かぶようである。婆さんは必死になって口寄せの巫女を通じて問いかける。葬頭河の婆さん、歳なんぼかと。女心の極《きわ》みというべきである。「歳は二十五で、女子《おなご》の盛りよー」べべロン。

このべべロンというのは弓の弦の音だが、このべべロンが語りの中で実に利いている。爺さまの声は爺さまであるけれど巫女である。幽明の境を越え、巫女を媒介に老いた夫婦が夫婦喧嘩をしているわけで、その妖しさと滑稽さが、べべロンという弓の弦が入ることによって、くっきりと聞き手に伝わってくる。

民話とは本来名もない爺さ婆さの語り伝えたものだけれども、このあたり、まことに磨きぬかれた芸を感じさせる。

胸豊かな姥のイメージ

この話の中の葬頭河の婆さとは、ではいったいどんな婆さであろうか。婆さでありながら「歳は二十五で女子の盛りよー」というあたりに、何とも異様な不気味さをこの話に与えているのだが、本当に婆さなのか何なのだろうか。

実は私も葬頭河の婆さという言葉は初めてで、多分三途《さんず》の河の婆さのことだろうと思ったが、やはりそうだった。人が死んでから行く冥界《めいかい》には役所があって、そこにましますのが閻魔さまなのだけれども、役所に行くまでには死出の山と三途の川を渡らねばならない。川を渡るには一文銭を六枚、渡し賃として払わねばならない。もし六文銭を持っていないと、奪衣婆《だつえば》が出てきて亡者の着物をはぎとってしまう。三途の川の婆とはこの婆のことなのである。爺さまもおそろしい婆さのところに後家《ごぎ》入りしたわけだ。三途河《そうずか》の婆ともいい、葬頭河とも当てる。

こんなふうにたどっていくと、これはまったく仏教の方の人物のように思うけれども、それがそうでもないらしいのである。この三途の川とか死出の山とかいうのは、「地蔵十王経」というお経の中にあって、他の経典にはない俗説であり、だいたいこのお経が平安時代末期に日本でつくられたものなのだった。そして、三途河の「そうずか」は日本語で界《さかい》という意味だったのが、いつのまにやら三途河になってしまった。もともとは、人間の世界と神の世界の境にある、みそぎをする川であったのが、いつのまにやら仏教の、それも偽のお経の中で説かれた三途の川とすりかわっていったらしい。

そして、日本古来の、みそぎをする精進《しょうじ》川のほとりを守る神さまが、姥神《うばがみ》であったために、これまた、三途の川の奪衣婆にされてしまった。だから、もともとの姥神さまは子供を守る神であり、人々を守る神だったのではないか。

私がこんなことをくだくだと書くのは、実は湯殿山《ゆどのさん》（山形県）でふしぎな石の婆さまにめぐりあったからなのである。

その日は雨だった。山開きの前だから参詣の人とてもない。お山の入り口でおはらいをしてもらい、白い紙の人形《ひとがた》にふっと息を吐いて清水に流してから登りはじめた。ゆるやかな坂を登りながらふと顔をあげた私はぎょっとした。荒涼とした野面《のづら》に二人の巡礼が立っている……とみえたからだった。そうではなく、目をこらしてみればそれは幣《ぬさ》だった。棒の先に色とりどりの引き裂いた布をくくりつけて垂《た》らした幣が二本、雨に打たれてうなだれている。それが霧に煙って人影にみえたのである。

近寄ってみると道ばたにぽっつりと石の婆さまが片膝を立てて坐っており、幣はその前に供えられているのだった。髪を長く垂らし、恐ろしい顔の婆さまは、ふつりあいなほど胸乳がゆたかで、その異和感が何とも不気味なのである。

そのとたんあっと思った。「歳は二十五で女子の盛りよー」ベベロン。これこそは葬頭河の婆さではあるまいか。首から上は婆さだが、胸乳のゆたかさはまさに女子の盛りである。

かたわらに、小さな木の札が立てかけてある。だれかが供えたようなすがたである。

やまうばの大悲のちからあらわして
　いやさせたまえ不治のやまいを

札にはそう書かれてあった。とするとこれは山姥《やまうば》だろうか。民話の中で山姥は人をとって食う鬼婆としても登場するが本来は山の神として幸をもたらすものであった。その胸乳はゆたかであったという。

おそらくはこの山に詣でる人にとって、この石の婆さまが三途の川の婆であるか、山の神であるか、姥神であるかはそれほど問題ではないに違いない。三途の川の婆が日本生まれの偽経《にせきよう》から出発し姥神と一つになったというのならなおのことである。大切なのは胸乳ゆたかな姥が、人々に手をさしのべてくれるという古い信仰が溶けあって民衆の中に流れていたことではないだろうか。

あたりは残雪が白く汚れてそそけだち、荒涼と霧が流れて行く中に、ミズバショウが点々と咲く。私はふと石の婆さまを撫《な》でさすり、祈りたい衝動にかられた。人間の業《ごう》、愚かしさ、不治の病を持つかなしさ、人々は千万の吐息を重くついて、石の婆さまを撫でさすったに違いない。私もその一人なのである。

幼な連れの仲睦まじく、一生連れ添った老夫婦である。指切りをして誓いあった仲である。それなのに爺さまは、こともあろうに葬頭河の婆さに後家入りをした。歳は二十五、女子の盛りと聞けば婆さまの無念さはいかばかりだろう。はたからどうなぐさめようもない、人間の愛別離苦を、この民話はユーモラスに語る。このあと婆さまはどんな一生を送ったろうか。

老夫婦の心の種々相

愛別離苦といえば、死に至るまで愛しあった老夫婦の話がある。

昔、年寄り爺さんの死なしたてったい。医者どんな、枕もとに坐って、左の手の脈ば見よらしたが、「御臨終で御座りますけん、はよ、末期の水ば飲ませなはりまっせ」て言わした。

ところが、反対側に坐っとった奥さん仁の言わすこてにゃ、「まだ、主人な死んどりまっせん」て言わすげな。医者どんな「なんば、言いなはりますか。私が診立てに間違いはなかですばい」て言わすげな。

そしたら奥さんの「こるば見てはいよ」て言うち、自分の膝にかぶさっとった爺さんの掛布団ば撥ねのけち、爺さんの右の手ば出して見せらしたら、指の先かる湯気のホッホて、出よったてったい。爺さんな、息の切るる間際まじ、奥さん仁の良か所に、悪るこつばしよらしたつげな。嘘たいなー。なんの、そぎゃんことのあるもんな。（木村祐章編『肥後の笑話』桜楓社・昭和四十七年）

この話のほかに、老夫婦が久しぶりにいっちょやらんかいということになったが、なかなかうまくいかない。まだ入らんかい、はい、はい、今溝んところ、ほうとる、まだ入らんかい、はい、今のぞいとる、と耳も遠いこととて、おおきな声でいいあっているのを聞き、ちょうど穴からのぞいていた泥棒があわてて逃げだした話もある。

この二つの話などは色好みなと眉をひそめる人もあるかと思うが、私には何ともほほえましく愛らしくさえ思われる。葬頭河の婆さをめぐって、あの世とこの世で夫婦喧嘩をした老夫婦も、現世にある時はこのように甘やかなものではなかったかと思う。

同じ老夫婦でありながら、その心持ちが雪と墨ほどに違う夫婦は、「舌切り雀」のじいとばあである。

「舌切り雀」も「桃太郎」と同じように国定教科書でとりあげられたため、私などの年代には、「シタキリスズメ、オヤドハドコダ」というじいの呼びかけの言葉が焼きついている。この話は桃太郎とちがって、軍国主義の色付けがなかった点は救われるけれども、ひどく単純な勧善懲悪の物語となってしまった。

しかし、石川県などに残る舌切り雀を調べると、雀もただの雀でなく、じいさまの弁当を食ってぐうぐう昼寝していた……などとある。何とも呑気で、なつっこい雀なのである。じいはこの雀をふところに入れて連れ戻り、ちょんという名をつけて、ちょんやちょんやとかわいがる。ばあさまは何とも面白くない。何がちょんだべというわけだ。そして舌を切るくだりがあって、じいさまは泣き泣き、雀を追い求めて行く。この過程でじいさまは牛洗いどんと馬洗いどんに出会い、雀のお宿を教えてもらうかわりに、牛の洗い汁と馬の洗い汁をがっぽがっぽと七桶飲み干すのである。

雀に宝のつづらを貰ってきたじいさまをみると、ばあさまはじっとしていられない。おらも貰ってくるといってとびだしていく。そして同じように牛洗いどん馬洗いどんに出会い、同じように洗い汁を七桶飲み干して雀のお宿にたどりつく……。

このように語り伝えられてきた舌切り雀のゆたかさは、目をみはらせるものがある。ことに牛の洗い汁、馬の洗い汁をじいとばあが二人ながら飲み干す繰り返しは、現象としてはまったく同一でありながら、内容がまったく違うということを、実に明確に語っている。雀への愛のために汚い洗い汁を飲み干すじい、宝のつづらほしさに洗い汁を飲み干すばあ、この夫婦の、これはそれぞれの性格でもあろう。

しかし私は、舌を切ってしまうばあさまの砂をかむような虚しい心を、ただ性格として責める気にはならない。じいさまが妻である自分を振り返ってもみてくれず、雀をちょんよちょんよとかわいがることへの虚しさは、現代の夫婦にも通じるのではないだろうか。じいが善人であればあるだけ、ばあはやりどころのない哀しみに自分を追い込んでいくのではなかろうか。

どこかですれちがい、かたちだけは一つ屋根に暮らしても別々の方を向いている夫婦の姿を、私は「舌切り雀」から思うのである。

4　赤神と黒神

日本のシンデレラ物語

しかし、と私はよく考えたものだった。小さいとき、それを民話とはしらずに読んだのだけれど、外国のおはなしには何と王子さまと王女さまのおはなしが多かったことだろうと。日本には、そうした「愛」の物語は生まれないのだろうか。育たないのだろうか。

たとえば有名なシンデレラの物語がある。継母にいじめられたシンデレラが仙女のたすけで南瓜《かぼちゃ》を馬車にし、美しく着飾って舞踏会にでかける話である。夜中の十二時には帰ってこなくてはいけないとくれぐれもいわれていたのに、三日目の夜、うっかりと十二時の時計が鳴りはじめるまで踊っていたシンデレラは、あわてて逃げ出す。その時ガラスの靴を片方落としていく。王子はその靴でシンデレラを探し出し、結婚するのである。

女の子ならだれでも知っているこの話の、ではどこが印象に残るだろうか。それは汚いなりをさせられているシンデレラが、仙女によって美しく着飾り、王子と踊る華麗なイメージだと思う。十二時前に帰らねばならないというタブー。落としていったガラスの靴は、それだけが本物だった。積み上げられていく事件の中で一筋残るのは王子の愛である。ガラスの靴をひろい上げて、じっとみつめる王子の姿である。この場面があって、シンデレラは長い年月子供たちの心を捕らえつづけてきたのだと思う。

ところが、気がついてみればそっくり同じ話が日本にもあるのだった。「米《こめ》ん福《ぶく》、

「糠(ぬか)ん福(ぷく)」という題名で東北・中部地方に多いこの話は、糠《ぬか》ん福《ぶく》とよばれる継子が継母からいじめられ、穴のあいた袋を持たされて山へ栗ひろいにやられるところから始まって、山姥に宝の箱を貰って帰ってくる。外国の仙女の役割を日本では山姥がしているわけである。さてある日のこと、

長者殿さ神楽がたつので、継母は（実の娘の）米ん福を連れて見さ行くに、糠ん福さば、「水を七さげ汲むべし、糸を七結び紡《つむ》ぐべし、稗《ひえ》を七臼《うすつ》搗いて置け」と言いつけて行った。そこで糠ん福は、神楽さ見さ行きたくても言いつけられたので、障子の陰でクシクシと泣きながら糸をおんでいると、隣の婆さまが「こちらでは神楽を見さ行ったか」とききにきて、「何して見さ行かないで泣いてれや」と言った。糠ん福は「見さ行きたえども、水を七さげに、糸を七結びと稗を七臼搗けと言い付けられただし、その仕事を稼がないうちは行かれないから、今、糸をおんでいるところだまス」と言うと、婆さまは「稗ば俺が搗いて置くから、水は行って来てから汲むべし、神楽を見さ行け」というので、糠ん福は顔を洗って白粉をつけ、髪を洗い、山婆から貰ってきた小袖を着て、長者殿さ、神楽見に行った。

すると米ん福は糠ん福を見つけて「あっぱ（母）あっぱ、あれ糠ん福が神楽を見

さ来てる」というと、継母は「糠ん福は何しにくべさ。仕事をあれ程言いつけて来たもの、あれは他のあね様だべ」というから、米ん福は「うんにゃ糠ん福だでぁ、あれァ饅頭の皮をぶっ付けたらば、それを食ったがら糠ん福だ」というと、継母は、「糠ん福には、あんたな美しい着物どこから出して着るべ」といい、そんだら家さ行って見べというているうちに、糠ん福は家さ帰って来て、もえ（装い）をほどいて顔さ墨塗って水汲んでいる処さ、米ん福と継母が帰ってきて、「それゃ、あの人は糠ん福ではなかった」といった。

それから二、三日経つと長者どのから、「糠ん福を嫁にけでけろ（呉れて呉れ）」と仲人が来たので、継母は「糠ん福は髪を梳《けず》るに、ズヨリ首切りズワリ首切りと梳るし、米ん福はチンパラリン、チンパラリンと梳るから、米ん福を呉るまス」というと、仲人は、「いやいや、長者どのでは糠ん福を欲しいというから、糠ん福を呉《くれ》でけろ」というので、仕方なく糠ん福を呉る事にして……。（後略）（平野直編『すねこ・たんぱこ』第一集・未來社・昭和三十三年）

最後に継母は、口惜しさとうらやましさのあまり臼に娘をのせて田んぼをひきまわし、嫁入りのまねをするうちに、臼がころげて田んぼに落ち、「うらやましいであ、うらつぶ」といってつぶつぶと田に沈みふたりともうらつぶ（田螺《たにし》）になってしまうのである。

この話を知ったときシンデレラと同じ型の話であるのに、そのあまりの違いに驚かずにはいられなかった。シンデレラの場合は王子がどんなに見知らぬ姫に心を奪われたかを、姉娘の口から三度繰り返して語らせている。つまり、三晩、シンデレラは宮殿に行く。この繰り返しが主題の重心を移しているのである。

しかし、日本の「米ん福・糠ん福」ではただ一回、神楽や祭りを見にいくだけで、聟《むこ》になるべき人との出会いはまったく語られていない。最後も継母とその実の娘の怨《うら》みが残るような語られ方をしている。そのためシンデレラの華麗さはまったくみられず、陰湿な継子譚として、「子供にはあまり与えたくない話」の系列に組みこまれてしまった。わずかに越後に下駄を片方落としていったというシンデレラに近い型があるだけである。

これはいったいどういうことなのだろうか。耐えることのあまりに多かった北国の人々は、いじめ抜かれる娘の苦しみに自分の心を導入させ、わが思いを語るように語ったため、愛のテーマより継子いじめに重点がおかれてしまったのだろうか。それとも好き連れは泣き連れという言葉があるように、男女の自由な愛はみだらなものであり、結婚は家と家とがとり行うものという考え方から、継子と長者の息子との出会いは重要視されなかったのだろうか。いや、愛の出会いはまったくなかったなどとはいえない。

たとえば「播磨《はりま》糸長《いとなが》」型と呼ばれる話は若い男と女が出会い、女が謎を残して去っていく。若者は謎を人々の助けをかりて解き遂に女をさがしあて、めでたく聟《むこ》になるという話である。

また「難題《なんだい》聟」型と呼ばれる話は、長者が娘の聟を選ぶため、いくつかの難題を出される。ある男が難題をみごと解いて長者の聟になる話だが、助けた蜂の援助を受けたり、相手の娘から援助されたりする。これは古事記の中でオオアナムチが根の国のスサノオを訪れ、スセリ姫や動物の援助で難題を切り抜け、姫を背負って逃げ出すくだりと、かたちとしては同一である。

けれども古い時代の話の大らかさ、豪放さに比べ、時代が新しくなるにつれ愛の物語が矮小化《わいしょう》されているように思うのは、私のひが目だろうか。そしてついには、「シンデレラ」のような愛の物語になる可能性もあった「米ん福・糠ん福」のような物語さえ、単なる継子譚にとどまってしまった。

神々の愛と闘い

それだけに、「赤神と黒神」という古代の神々の物語を『秋田の民話』をまとめる中で知った時には、その壮大なロマンに驚いた。しかもこの話は古事記にもおさめられておらず、民衆の間に語り残されていたのである。日本の神々はまだこうしたかたちで息づいていたのかという驚きである。そのあらすじを紹介しよう。

遠いはるかな昔、神々が山を駆け、野をずしずしと歩きまわっていた、はるかな昔。

陸奥の山深く抱かれた十和田の湖にひとりの女神がすんでいた。女神は来る日も来る日も機《はた》を織っていた。

秋田の男鹿《おが》半島には鹿の群れをひきいて赤神がすんでいた。赤神はいつも笛を吹きならしていた。

ある日、赤神は十和田の女神を知った。赤神は一度で女神が好きになり、女神の許《もと》へ通うようになった。ところがまたある日、女神の許へ龍飛《たっぴ》崎の黒神が訪れるようになった。黒神は荒々しく、力も強く、龍を従えていた。今日、赤神が鹿の使いをよこすかと思えば、次の日は黒神が龍にのってやってくる。やさしい赤神に心ひかれ、雄々しい黒神に心ひかれ、女神は思いなやんだ。

やがて二人の神々が争う日がきた。神々は岩木山の上に登って応援した。黒神は龍を飛ばし陸奥の野を赤く染めて戦った。赤神は鹿をくりだし、黒神方は数が多かったので、そのため岩木山の右肩は踏みくずされて低くなった。

戦いは赤神の負けで終わった。赤神は男鹿の岩穴へのがれて行った。戦いに勝った黒神は今こそ女神を妻にしようと、十和田の湖へ歩みよった。しかし十和田に女神の姿はなかった。女神は負けた赤神がかわいいといって、あとを追って男鹿へ行ってしまったのであった。

戦いには勝ったが女神を失った黒神は、足どりも重く龍飛に帰ると、十和田に尻を向けてどっかと腰をおろし、大きな大きな溜息をついた。その溜息があまりひどかったので、大地はメリメリと裂け、そこに海の水がどっと流れ込んだ。この時から、本州と北海道に離れて、津軽海峡ができた。

というのである。

私はこの話が好きで、絵本にした（ポプラ社・昭和四十四年）。人生における愛の、ふしぎなゆらめきと、耐えることの雄々しさを子供に伝えたかったからである。冒険のように思われたが、民話の会の仲間で小学校の教師である中村博氏は「この絵本は参観日の授業に使うのにいいよ」といってくれた。短いから短時間の授業参観でも一冊読み終わることができ、しかもその後の討論では母親と子供の間で大いに議論が戦わされるという。おおかたの傾向としては子供たちは赤神びいきが多く、母親は黒神びいきが多いという。

「なぜ負けた赤神がかわいいと女神はいったのですか」と私に問いかける女の子もいて、私は返答に困った。「大きくなったらわかると思うわ」と答えると、その子は家へ帰って「早く大きくなりたい」といったそうである。

黒神をかっこいいというのは男の子で、女神に嫌われても乱暴したりしないで、大きな大きな溜息を吐くことで我慢したからだという。その溜息の大きさは大地がメリメリと裂け、本州と北海道はそのために離れてしまった。千万無量の思いが凝結した溜息である。そこに黒神の男らしさを感じ、精神の高さを感じ、黒神方は一票を投じるのだろう。

それにしても人間の愛、微妙な心の揺れ動きを、一冊の絵本をめぐって親と子がさっぱりと討論しあえるなら、そして長い一生の間に、ああ、と思い返すことがあるなら、それはすばらしいことだと思う。

5　その人にとってのたった一つの話

「鶴女房」をめぐって

一つの民話が、時代や年代、性別で、受けとめ方がちがうということは、面白いことだと思う。掌にのるような小さな物語が聞く人によってさまざまの面から光を当てられる。それなのに、その物語はやっぱりその物語でそこにある。民話というのはそういう不思議な力を持っているのではないだろうか。

あるとき民話の座談会があって、もう話も終わったころ、ふと「鶴女房」について、こんな話が出た。

「いやあ、あれはね、貧乏な兄さが、鶴のようないとしげな嫁さまが来ないのかと、待ちこがれている話なんだよ」こう言ったのは当時まだ独身だった大川悦生氏である。すると斎藤隆介氏がこういった。「いや、僕は秋田で暮らしていたが、農民の夫婦というのは、女房の方もグローブのような手をして、オド、ままくえ、などといっている。亭主の方も女房に、アバ、ままくったかというわけで、全く対等なんですよ。それはそれでいいんだけれども、亭主の方は時々、ふっと思うんだな。鶴のように白くて首の細い、からだのすらりとしたおなごが、ある夜、ほとほとと戸をたたいて来ねえべかな……と」

これにはみんな爆笑し、というのはおふたりの話とも、それぞれに実感があったからで、いかにも男性の目からみた鶴女房なのだった。

私はその時、涙ぐみながら私にこういった友人のことを思い浮かべずにはいられなかった。たしかもうその時、四十代の初めに差しかかっていたそのひとは、ある日、涙ぐみながらいったのである。「私はもう裸の鶴と同じだわ。自分の羽を自分で引き抜いて、夫のために機を織りつづけて、もう何にもない……。裸なのよ」私はその時、そのひとの頬に伝った涙を忘れることができない。

喧嘩らしい喧嘩もせず、はためには仲睦まじい夫婦であってさえ、ある日妻がふっと重い吐息を洩らし、私は機を織りつづけてきたけれども、私自身はいったいどうなのだろう、裸の鶴ではないか……と思うことがないと、どうしていえようか。

まして私に歎いたひとは二十年来の友人であり、生活もよく知っている。だからこそ、われとわが身の羽を引き抜いて機を織りつづけてきたという感慨には、ぞっとするような実感があった。ほろ苦いなどというものではない、凄《すさま》じいまでの実感である。それがまったくの徒労であった、徒労であってもそれはそれでよかったといい切れるものなら仕合わせである。しかし羽を引き抜き血を流してきた歳月の重みは、徒労であったと爽《さわ》やかにいい切るには、むきだしの肌にびしびしと痛く、ひび切れ、血もまだにじみつづけているだろう。それだけによろよろと飛び立っていく裸の鶴の姿はそのひとにとって、いつか自分の飛び立っていく姿のように映じるのではなかろうか。

すると斎藤隆介氏はいうのである。いやいや、その場合、飛び立っていく鶴はもはや裸の鶴ではないのだ。僕にはすくなくとも夕焼けの色に染まった白い鶴がはたはたと飛び立っていく姿にみえる、と。なるほどそこでは赤むけの鶴がよたよた飛んでいくのでは映像としてはあまりにも惨めかもしれない。けれども飛び立つ裸の鶴としては、やっぱりよろよろよたよたなのよ、毛のない、赤裸《あかはだか》なのよ。もし羽があるとすればば、飛び立つことによって解放された自分の未来への願望が白い羽となってみえるかもしれないけれども。私がそういうと、いやとにかく男にとっては去っていく妻は美しいんですよ、と斎藤氏は力説した。

もう一つの斎藤説は、もしこれが秋田のアバ（女房）によって語られたとするなら、そこには優しく、鶴の女房のようにかそけくありたいと願いながら、現実にはグローブのような手をした自分、オド、ままくったかとでかい声を出している自分への歎きがあるのだというのだった。

これだけでも、一つの鶴女房の話が光の当て方、当てる人のありようで、さまざまの面が現れるのだなと思ってくださるかと思う。もう一例をあげてみよう。

木下順二氏の『夕鶴』が佐渡の「鶴女房」から取材していることは広く知られているが、ある工場で『夕鶴』を上演したとき、観客である女工さんたちが総立ちになったのは、夫であるよひょうが機場をのぞこうとしたところだという。「のぞくな、のぞいてはいけない」と、口々に叫んだという。

その、のぞくなという意味は、きわめて具体的にもとれるし、人間が人間として踏み込んではならない一線——たとえ夫婦であっても——、人間への尊厳、そこを踏み越え、侵すことへの抗議ともとれる。何にしても、二十代の娘たちはその場面にふかい共感をもってこたえたのだった。

幼い子供たちは、この話をどう受けとめるだろうか。美しい話だと思う、かわいそうだと思う。たとえその程度のたどたどしい感想しか洩らさなかったにせよ、二十代のある日、三十代のある日、五十代のある日、突然、あざやかに日が差しこむように、ああ、と思うかもしれない。民話などという分類はぬきにして、思い出す日があるかもしれない。

民話とはそうしたものではないかと思う。語り伝えられ、語り伝えられていく間に、出会う人々の心の奥底に小石のように沈んで、生きる重みともなり、支えともなってきたのではないだろうか。

八十歳のお婆さんが生涯の支えにしたたった一つの民話

『秋田むがしこ』（未來社・昭和三十四年）の編者である今村泰子さんは、今も秋田県下で民話を採訪されているが、さきごろ、たった一つの民話を心の依りどころとしているお婆さんにめぐりあったという話をしてくださった。

それは尾去沢の鉱山へ行った時のことで、集まってきたお婆さんたちはみな、七つ八つから穴に下《くだ》って、父親が掘った鉱石を運ぶ、そうして娘になって、嫁に行くといってもこれまた鉱夫のところへ行くのだった。なにせ、そんな幼い年頃から坑道に入って仕事をしているわけだから、機織るすべも知らない。だからよくよく器量のいい娘でなければ滅多に下の方に嫁に行けるものではなく、元山の者は元山同士、夫婦になって穴に下る。そうして、夫婦共働きで稼いだのである。戦後、女は穴下りしてはいけないという法律が出来たとき、なんと、おれ食えねえからおれだけ許してくれ、許してたんせといったけれど、法律できまったものだから駄目だといわれたという。

激しい労働と貧しさの中で、その頃の人々は子沢山だった。八人といえばあたりまえ、どことかの母さんは十四人生んだ。生めるだけ生んで、間引きちゃやったもんだという。河鹿《かじか》取りにいくともいったし（これは川へ流したのだろうか）、一本漬けにした。生まれるとすぐ水はっといたなかに子供をさかしまにしてシュッと漬けるとすぐ死ぬ、それを一本漬けといった。

そういうふうにして殺す者もいたけれど、そのお婆さんは生まれた子供の顔をみれば、とてもそういう気持ちにはなれない。歯をくいしばるようにして生んだだけは育てた。それというのも、小さいころ昔話をいろいろ聞いたが、みな忘れたなかでたった一つだけ覚えていた話がある。それはやはり貧乏人の子沢山の話だ。

むかし、貧しい夫婦に子供がたくさんいたが、最後の子供をとても育てられないというので捨て子することにした。そこでお薬師さんの前にいって、どうぞいい人に拾われますようにと一生懸命お祈りして、田の水口へ捨てた。その田の持ち主は子供のない夫婦であったから、子供は無事拾われて、大切に大切に育てられた。だからその子は、ほんとな兄弟よりもなお心がけのいい子に育った。親さえ真面目に立派な心がけで子供を育てると、けっして悪くはならない。だから子供は一生懸命育てなくてはならない。

八十歳のお婆さんが生涯心の支えとして思い浮かべながら働いてきたのは、この話なのだった。筋という筋もないような、小さな話だけれども、その人にとっては辛い時、悲しい時、嬉しい時、思い浮かべるのはこの話だったのだろう。一生懸命子供を育てれば、きっと仕合わせがくる。

その思いは信仰に近く、いや信仰といえたろう。そしてそのお婆さんは晴れ晴れと、今こうして温泉につかってね、楽をできるのは、若いころ子供を育てるために働いたからだと語ったという。

しかし、この話が他の人にとって、違う時代に生きた人にとって、同じように一生のうち、たった一つの私の民話になり得たかは別だと思う。おそらく人それぞれに生涯を貫くテーマのようなものが、意識するとしないとにかかわらずあって、その部分に触れる話を聞いたとき、重石のようにその話は心に深く沈み、心の支えとなり、拠所《よりどころ》となるのではないかと思うのである。

6　妖怪と人間たち

伐ってはならん竹

私が民話の世界に魅かれることの一つに、神秘的な世界がある。どこがどういいのか、説明してくれといわれても困る、そんな世界である。

和歌山の奥の大塔川という川に沿《そ》った田代という村に行った時のことである。その村は平家の落ち武者がかくれすんだ里だとかいって、小さな山一つがそっくり村になっている。そのまわりを川が流れ、そこへ行くには細い吊り橋一本が通い路だという心許《こころもと》なさだった。

橋を渡ると細い道が石で畳《たた》んであり、崖もまた石で畳み、それがみな苔むして自然と村へ入って行くようになっている。いかにも隠れ里にふさわしいつくりだった。この村は、田畑あわせて六町五反、このうち四町五反が水田で、代々牡牛七頭で耕した。戸数も十三戸ときまっていた。村の中に機竹という竹林がある。旗竹ともいうそうだが、いかにも平家らしい。

この竹林の中に親竹というのがあって、太さは一斗樽ほど、けっして伐《き》ってはならんことになっていた。それを明治になって桶屋の和三郎が伐った。その時、牡牛七頭がいっせいに鳴いたという。和三郎の一家はその年のうちに死に絶えたという。しんとした真昼どき、パーン、パーンと竹を伐る音、いっせいに首を振りあげて鳴いただろう牛。

私はこの話が好きでならない。どこがと問われれば返事のしようがない。滅んで行く時代の象徴的な姿なのだろうか。なんとも理屈ではいえないのだけれど、忘れ難いのである。

天狗さまざま

民話の世界には、さまざまの妖怪が登場する。私はこの妖怪たちが好きだ。ことに『日本の伝説』をまとめてから、ますます好きになった。伝説と昔話を比較すると、なぜか伝説に出てくる妖怪はユニークだ。

たとえば天狗である。

和歌山で木こりのおじいさんに聞いた天狗は姿もみせず、こうもり傘の上をプイプイプイと渡ったという。その天狗は熊野の奥の栗山の医者どのに斬りつけられたが、刀のきっ先三寸手前の小さな穴をくぐりぬけ、二度までのがれた。しかし三度目に斬られてしまった。すると虚空《こくう》から友天狗の声がした。「七十五なびき、つづこうか！」大台ガ原から請川《うけがわ》の高山まで七十五、山がある。その山をつなぐほど、友天狗を集めようかと叫んだのである。

この話を聞いてから、私は和歌山県の地図と首っ引きで大台ガ原をさがした。ところが無い。無いはずで大台ガ原は奈良県なのだ。なるほど天狗にとって県境などあろうはずはない。奈良の大台ガ原から請川の高山まで山々は続いている。それを分けたのは人間である。私はひとり赤面した。

佐賀に残る「べんじゃあさんと天狗」の話もいい。べんじゃあさんという女神が自分の山にシャクナゲの無いのを歎いて、天空馬という空飛ぶ馬に打ちのり、英彦山《ひこさん》へシャクナゲを盗みに行く。すると天狗がそれを知って追いかけてきて、あと一息というところでべんじゃあさんは花を捨てて逃げ帰る。しかし、どうしても思い切れずまた盗みに行くと、またもや空を踏んで天狗は追いかけてくる。九州の空狭しと、天空馬に打ち乗って花を盗みに行く女神、空を踏んで追いかける天狗、シャクナゲの花の赤さ、雄大な一幅の絵をみるようではないか。

三河の天狗は花祭りが好きだという。だから山で花を舞ってはいけないのに、幸作は舞ってしまった。すると天狗が出て来て、青い綱をはっしと山へ投げると、綱はみるみる一筋の道となり、天狗は幸作を抱えて飛ぶ如く舞う如くその上を渡って、山へ行き花を舞ったという。はっしと投げた綱が鮮やかに美しい。

帰り、幸作はみやげに何ぞやろうと天狗にいわれ、力がほしいといった。すると天狗はけやきの木の根をやろう、背負ってみよという。手をかけるととてもとても普通の力ではぐらりともできぬけやきを、かるがると背負うことができた。戻ってみるとはや三日たっていた。天狗の話を人々は信じなかったが、その大力をみせられては驚くばかりで、そのけやきの根っこは端の方から少しずつ割ってまきにしたが使い切れず、何年もそこにあったという。三河の花祭りの夜聞いた、忘れられぬ話である。

河童

河童の話も九州は本場だけあってさまざまだが、夏が終わって山に入ると河童はやまわろになるという。

（前略）やまわろがすきなのは、やまももの実だ。やまわろのうでは、かかしのように、右も左もつながって倍のびることができるから、やまももの実をとるときは、そうやって手をのばしてとるのだそうな。人間がやまももをとるときには、木のそばで、えへんといわねばならんよ。そうすると、やまわろは、ははあ、人がきたな、とおもうてにげる。

やまわろは、よくしごとをてつだってくれたそうな。大きな木などはこぶとき、また木《ぎ》をたくさんつくってててつだいをたのむと、そのまた木を一つずつもって、下からささえてくれるので、しごとがらくじゃといった。そんなときはかならずあとから、あずきめしだの、はったい（むきこがし）をもって、地面にまいてやらねばならん。するとやまわろのすがたはみえないが、みるみるなくなってしまうという。

ところが、いたずらな木こりがおって、あるとき、やまわろにやったはったいをぷうっと口でふきとばした。するとやまわろがびっくりしたとみえて、山んなかいっぱいに、わあというような音がしたと。

そこでその木こりが、

「そぎゃん、びっくりせんでよかたい、おれがいたずらしたたい。」

というた。そんときはそれですんだが、それから何日かして、その木こりがおのをふりあげて木をきったところ、木にあたらんで、わが足にあたった。はっと青くな

ったとたん、わあと山じゅうがざわめいて、どこからともなく、
「そぎゃんびっくりせんでよかたい。おれがいたずらしたたい。」
という声がした。さてはとおもってじぶんの足をみると、けがもなにもしとらなんだ。（後略）（『松谷みよ子のむかしむかし』第六巻・講談社・昭和四十八年）

河童の話はまだまだ多いが、この山わろの話は昔話ではみあたらず、山の神秘さがうかがえる。奄美の河童は、頭の皿に青い火を点《とも》して夜の浜辺で貝をとるという。

いじらしい魔ものたち

イッシャは奄美の小人だが破れ傘をさし、とうもろこしのような尻尾をつけ、片足でぴょんぴょん山から降りてくる。だから雨もよいの夜、人間が外へ出る時はとうもろこしを一本持って出るそうな、イッシャにあったら急いでお尻のところで振るわけだ。イッシャはころっとだまされて、ああ仲間かと思ってわるさをしないという。このイッシャをおだてて漁師たちは舟を漕がせた。

イッシャ　やよいやよい

イッシャのナークレ
イッシャ　いそげいそげ

こううたうと、イッシャは有頂天になって命のかぎり舟を漕ぎ、とれた魚は山のようになるという。いじらしい魔ものである。

土佐は土地柄、鬼も山んばも豪快だ。久礼《くれ》の港には鬼が運んできて海に沈めた島がある。

山奥に子鬼を連れた男鬼がすんでいた。親鬼は子鬼をひどくかわいがり、ほういほういと山へ投げて遊んでやった。子鬼がくたびれると岩を指先でひねって人間の顔をつくったりしてやった。この鬼が荒れる海をみかねて二つの大岩に鉄棒をつきさし、かついで山を降り海へ入っていく。そして港に据えて島とするのだが力つきて沈んでいく。しかし連れていった子鬼だけは沈めまいと、さしあげたまま死ぬのだが、子鬼もまた泣き疲れて岩になった……。

胸打たれる鬼の話であった。しかし久礼の港を訪れたとき、町の人々はああそんな岩の話を聞いたことがありますというくらいで、およそ無関心で私を歎かせた。海は今なお、台風の季節には怒濤を打ちよせ、私の行った年、子鬼の島は半分折れていた。鬼が運んだ島は今も港を守っているのだけれども、この伝説に感動するのには旅人の目が必要なのだろうか。

妖怪とわたりあった男たち

山んば、山んじい、千匹狼、山猫、こうした妖しいもののさまよう山や谷を、われわれの祖先はずしずしと歩きまわった。

黒部の険《けわ》しい渓谷で魔ものに出あった木こり源助はでかいソロバンを出し、パチパチとはじいて魔ものと談判する。するとしょうしょうとすすり泣くように風が鳴り、やがて山は静まった。秋田の平之《へのじょう》という力持ちが真夜中の山で木を切っていると、鬼が出てきて弁当をねだる、山猫のため、この山をとられそうだと泣くのである。岩手の磐司《ばんじ》も一つ目一本足の山んじいに泣きつかれる。三つ目一本足の山んじいに山をとられそうだというのである。またあちこちの沼で、大蛇が土地の猟師に助けを乞う話もある。

そうした猟師たちは力も強く、気が向けば一夜で沼をつくったりもする剛力の持ち主が多い。信州の猟師渋右衛門はひげだらけのアバタ面で、スネの毛は六寸、こきさげてくれれば脚絆《きゃはん》はいらなかったという。渋右衛門は山で会った山姫から、ふしぎな餅を馳走されている。

実にこれらの妖怪たちや、山の男たちの魅力は、語っても語りつくせない。日本の国にこれだけ豊かな幻想の世界があり、たくましい男たちの生き方があったかと思うのである。

第三部　ふたたび山を越えて——私もあなたも語り手であること

1　民衆が語ればすべて民話なのか

土の人形

しかし、民衆が語り伝えてきたから、それが民話だとは単純にいい切れないということを、私は数年前、頬を打たれるような厳しさで思い知らされたことがある。

その頃私は『日本の伝説』を数巻まとめるために、折をみては各地を訪ねていた。ある日、和泉（大阪府）にいる若い友人に案内され、和泉の葛《くず》の葉《は》伝説のあたりや、奈良を歩いた折のできごとだった。とある池のほとりで車をとめて、「この池にも伝説があるのですよ」という。では近くの方にお話を聞きましょうということになり、私たちは車を降り、やがて話してくれる人もみつけた。

このあたりは溜池が多い。飛行機から見ると鏡の破片をちりばめたように、まるいのやら三角のやら大きいのやら小さいのやらが光っている。この溜池もその一つで行基さんがつくったというのだから、ずいぶんと古い池なのだった。戦争前まではこの池のまわりはずうっと桃林で、春になると桃の花が池に映ってとてもきれいだったという。池のまわりは三キロ、炒《い》った豆を一升桝に入れて、ポリポリ齧《かじ》りながらいくと、ちょうど一升桝が空《から》になるころ、ひとまわりしたもんだという。

話は別になるが、ある山の中の池で猟師が飯を火にかけて、それから池をひとまわりしてくるとちょうど飯が炊けているというような話が残っているところもある。池の大きさを語るのに、昔はそんないい方をしたのだった。それぞれに面白い。それにしても一升桝一杯の炒り豆を齧って、おなかを悪くはしないのかしらと、私は余計なことを心配しながら聞いていると、それでこの池にまつわる話は、と本題に入った。

この池は行基さんが掘ったという。そのとき、土の人形を使って掘ったそうな。それが一つのいい伝えで、つぎは池を掘るとき、工事中、まわりの村々から娘たちがでて、お茶汲みの競争をしたという。工事が終わったとき、競争に勝った村の娘に行基さんが褒美には何が欲しいかと聞いた。するとその娘は、「この池が欲しい」といった。欲しいといわれてもそれは困る、やるわけにはいかん、というと、娘はざんぶとばかり池にとびこんで大蛇になってしまった。これが二つ目のいい伝えである。すると負けた村の娘たちは口惜しがって火の玉となり、それ、今、あなたが立っているこの土手をごろごろところげながら、行基さんのいる寺へ、寺を焼こう寺を焼こうと、ころがっていったという。これが三つ目のいい伝えだった。

この話をしてくれた人は、さてこの話がわかりますかと私をみた。私が首をかしげているとその人は続けた。まずですよ、お茶汲み競争をして、勝った村の娘が、この池を欲しいといって池にとびこんで大蛇になったでしょう。それは、池の主《ぬし》になったということなんです。つまり水利権を取ったということなんですよ。だからこそ、負けた村の娘たちは怒って火の玉になり、ほれ、あそこに、池のほとりに寺があるでしょう。あの寺に行基さんがおったというのですが、つまり焼き討ちをかけて抗議をしたんですわ。今でいうゲバ騒ぎです。この話はそういうことなんです。

そこで私は、ははあ、それでは土の人形をつかって掘ったというのは、つまりその、人手不足だったんですかと愚かな質問をした。するとその人は……その時私は携帯用のテープレコーダーをまわしながら聞いていたのだが、突然、そのテープを止めてください、といった。そして、声をひそめていったのである。いや、いまも、土の人形の子孫がひとかたまり、住んでいます、と。

私は呆然《ぼうぜん》として、その人が目で指すあたりを眺め、もう一度その人をみつめ、そして、雷に打たれたようにその言葉の意味を悟った。それは差別ではありませんか。今、この時代になってもそういうふうに分けてかかるなんて……。いや、そんなことはありませんよ。今はまったくそんなことはありません。じゃあ、結婚についてもそのようなことはないと。いやそれは……。

行基といえば奈良時代の高僧で、橋を架け堤を築き、池を掘り、東大寺の大仏建立にも参加している。このあたりの池には行基の掘った池も多く、確かにこの池も行基の仕事であろう。池守りの寺も古く、ゆかしげであった。行基は百済王の子孫といわれる。だから土人形というのは朝鮮から連れて来た人々のことかもしれないと土地の人はいった。

しかし、そのあたりの史実はともかく、奈良時代から現代まで、実に千三百年近い長い年月の間、人々はこの話を語ってきたというのだろうか。私たちがいま大工さんにお茶を出す。その発想がお茶汲み競争という考え方に出ている。行基のころ、お茶はまだなかったのだから、これはおそらく処女が何らかのかたちで奉仕したのではなかろうか。そんなふうに、すこしずつ、すこしずつ、話は変わっていったに違いない。土人形という発想も、違うかたちだったのかもしれない。

けれども現に、今、支配者でも何でもないごく普通の人が、あそこには土人形の子孫がすんでいるのですと声をひそめて語り継いでいるならば、これはいったいどういうことなのか。この話もまた、民話の中に繰り込まれてよいものなのだろうか。そんなことはあってよいはずがない。

もし、私たちが民話という言葉をもって、もう一度考えようとするならば、ただい伝えられたものをそのまま次の世代に渡していくのではなく、必然的に、そこには視点が必要となってくるのではなかろうか。民衆が同じ民衆を差別する話、それをも民話に含めてはいけないのではないだろうか。差別された側の民衆が差別をはねのけていく、その視点こそが民話の本来の姿なのではないだろうか。

私はこの時の激しい心の痛みを忘れることができない。

葛の葉伝説

実はこの時、和泉を私が訪ねたことも、差別の問題とかかわりのないことではなかった。葛《くず》の葉《は》伝説の狐、実は舞村の女であるという説がある。

舞村は信太《しのだ》明神の祭礼に舞を舞う太夫や陰陽師《おんみようじ》がすんでいた。寺や神社に奉仕する人々が巧妙な支配者の政策によって一段低い人間のように、なかには人間扱いされぬ程のひどい差別を受け、かたまって暮らすようになった。信太《しのだ》の狐とはそこの娘なのだというなら、それはわかる。あんまりわかりすぎて、悲しいようにわかる。素性を知られたとき、去っていかねばならなかった女。浄瑠璃の「蘆屋道満大内鑑《あしやどうまんおおうちかがみ》」(竹田出雲・一七三四年)の四段は、

「はずかしやあさましや年月つつみしかいもなく。おのれと本性《ほんしょう》をあらわして妻子《つまこ》の縁《えん》を是切に。わかれねばならぬ品になる。父御《ちちご》にかくといいたいが互《たがい》にかおを合せては。身の上かたるもおもてぶせ。御身ねみみによく覚父御《ちちご》にかくとつたえてたべ。我は誠《まこと》は人間《にんげん》ならず。六年いぜん信太《しのだ》にて悪右衛門に狩《かり》出され。しぬる命《いのち》を保《やす》名《な》殿にたすけられ。ふたたび花《はな》さくらんぎくの千ねんちかき狐《きつね》ぞや。あまつさえ我故《ゆえ》に数《す》ヶ《か》所《しょ》の疵《きず》を受給い。生害《しょうがい》せんとし給いし命《いのち》の恩《おん》を報《ほう》ぜんと。葛《くず》の葉《は》姫《ひめ》のすがたと変《へん》じ。疵をかいほう自害《じがい》をとどめいたわり付そう其内に。むすぶいもせのあいじゃくしん夫婦のかたらいなせしより。夫《おっと》の大じさ大せつさぐちなるちくしょうざんがいは。人間《にんげん》よりは百ばいぞや。（中略）」

童子丸を抱き上げ乳房を含ませ、せぐりあげつつ、葛の葉は来し方を語り、わが子にいってきかせる。

「何をさせても埒《らち》あかぬ道理《どうり》よきつねの子じゃものと。人にわらわれそしられて。母が名迄も呼《よび》出すな。常々《つねづねちち》父ごぜの虫《むし》けらの命を取。ろくな者には成まいとただかりそめのおしかりも。母《はは》が狐《きつね》の本性《ほんしよう》を受《うけ》ついだるかあさましやと。胸《むね》に釘《くぎ》はりさすごとく。なんぼう悲《かな》しかりつるに。成人《せいじん》の後迄《(まで)》も小鳥一つ虫一つ。無益《むやく》の殺生《せつしよう》ばしすなえ必ず必ずわかるる共。母はそなたのかげ身にそい。行末《すえ》長く守《まも》るべしとはいう物のふりすてて。是が何とかえらりょうなごりおしやいとおしや。はなれがたなやこちよれ」とだき上《(あげ)》。だき付だきし。(中略)

私の耳に高田瞽女《ごぜ》の杉本キクイさんの声が響いてくる。高田で二度、東京で一度、キクイさんの「葛の葉」を聴いた。このあたりにくると私でさえ胸が痛み、涙ぐまれてくる。長い年月を語り継いできた瞽女さんたちの思いが凝縮しているように思われるのである。この段を語るとき瞽女さんの心にはけっして他人ごととはいいきれぬ思いがあったのではなかろうか。だからこそ、そのあとの、

保名《やすな》たえかね大声《おおごえ》上「たとえ野干《やかん》の身なり共。物の哀《あわれ》をしればこそ五年六年付まとい。命《いのち》の恩《おん》を報《ほう》ぜずやいわんや子迄《(まで)》もうけし中。狐《きつね》を妻《つま》に持たりと笑《わら》う人はわらいもせよ。我はちっともはずかしからず。(後略)」

という保名のくどきを心底嬉しく、救われる思いで語りもしたろうし、私どもも聴くことができるのである。

差別された側からの発想

「葛の葉」は、狐女房のかたちから発展したものと、聴耳《ききみみ》のかたちに発展したものとが、民話の中にある。狐女房のかたちは、童子に女房が玉を一つ与えて、乳がほしいときにはこれをこすれば出るといって去ったり、また稲の植付けを手伝ってくれたり、検見《けみ》（年貢を決めるための稲の収穫量の検査）をのがれさせてくれたりする。このかたちがおそらく一番古く、本来の狐女房がこれなのだろう。ちょうど鶴女房と同じような親しさで、狐女房はあったかと思う。

しかし、時代が下るにつれ、身分差別がはっきりしてゆく中で、信太の狐女房は、人間でありながら人間として扱って貰えぬ女の物語になっていったのではあるまいか。

「聴耳」というかたちに分けられている葛の葉の民話は、むしろ童子丸という子供の成長を語る話となっている。長いので全文引用はしないが、『壱岐島昔話集』（山口麻太郎編・三省堂・昭和十八年）の童子丸は、ドジ《ママ》〔童子〕丸はさる高貴の武士を父とし、信太の森の狐を母として生れた。母は己が身の真の姿を父に見られ、それを恥じて信太の森に逃げ、父はけだものと夫婦のかたらいをして居たという咎によって、ドジ丸と共に佐渡ヶ島に流された。
（後略）

とあって、「うらみ葛の葉」のくだりはない。さて童子丸はある日亀を助け、龍宮へ連れていかれて聴耳の玉を貰ってくる。そして雀から「童子丸殿、今日京に上れば出世あり」と教えられ、京に上り、一の殿の病気を治し、二の殿、三の殿を術でやっつけて、最後にはまた佐渡ガ島に戻ってくるのである。

浄瑠璃では童子丸は八歳で晴明《せいめい》と名乗り、陰陽師《おんみようじ》として天子の前に出て、父保名を死から蘇生させ、悪者道満をやっつける。民話も浄瑠璃も陰陽師となる結末は同じなのだが、そこで雀のいうように出世をするかたちと、そのまま父の許《もと》に帰るかたちと二つがあるのは興味深いことだった。舞村の陰陽師たちは暦を出しており、その由来譚のように「葛の葉」の物語があったのかもしれない。いわゆる出世を投げすてて帰ってくる童子丸は、だからかえって、遠い「壱岐島」で語られたのかもしれない。一の殿、二の殿、三の殿の争いの醜さにほとほといやけがさして、父の許に戻る童子丸の姿は暗示的である。

「葛の葉」はこのように、あきらかに差別をふまえて生まれた話であるけれども、差別する人間の側から語られているのではなく、差別された側からの発想であり、保名の愛、童子丸の成長の中に差別を越える姿が鮮やかにあるとするならば、ここに民話の生命があり、この物語が長く愛された秘密があるように思う。

そしてこの問題は、土人形の――、という言葉が示すとおり、けっして過去のものではなく現在なお、私たちが抱えている問題なのである。やはり和泉の旅で、それは二度目に行った時のことだったが、ある青年から「私は小さいとき何も知らずにうたって遊んでいたわらべ唄が、差別の唄だということを知ってショックを受けました」という話を聞いた。そのわらべ唄は、

下駄かくしチュウレンボ
橋の下のねずみは
ぞうりくわえてチュッチュクチュ
チュッチュクまんじゅうだれがくうた

だあれもくえへんわしがくうた
裏からまわって三軒目
表の看板三味線屋

というのである。チュウレンボというのは長吏をなまったもので、差別を意味する言葉なのだという。長吏とはもともと神社仏閣の仕事をする人の仕事の名称だったのが、警備から犯人を捕らえること、刑の参与などによってしだいに賤民として差別されるようになった。この青年は幼い日何も知らず、この唄で遊んだ。やがて自らを差別する唄だったと知ったのである。

これらのことを考えあわせるとき、民衆が語ったから、そのまま、民話であると考えることの恐ろしさに私たちは気付かなくてはならないと思う。

2　桃太郎と金太郎と

ゆれ動く「桃太郎」像

ずいぶん前のことである。ある著名な学者から、これが桃太郎の原本ですといって頂戴した原稿があった。それをもとにして桃太郎をお書きくださいという資料なのである。一読してびっくりした。そこに「かの民主主義桃太郎は……」という文章が認《したた》められてあったからである。

私は何とも困惑し、偉い先生に対してまことに恐縮だけれども、江戸時代の資料といってくださったものなのに、民主主義という言葉が入っているのは解《げ》せないし、これをもとにしては私はとても書けませんと、お話のあった社にお断りした。その先生を監修のような立場で、と案を出してきたのは出版社だったから、社を通じてお断りもできたのだけれども、とにかく驚いたことだった。

だいたい桃太郎くらい、右にゆれ、左にゆれ、その時その時の思想によって利用されてきた話はないようである。驚くのは昭和九年に『教育勅語・桃太郎訓話』という本が出版され、国民精神作興、思想統一のために、桃太郎がいかに教育勅語に沿《そ》った物語であるかを解説しているのだという。

昭和九年といえば、日本が大きくファシズムへ傾いていった頃である。昭和六年の柳条溝事件に始まる満州（中国東北部）への侵略戦争、七年、満州国の樹立、八年、国際連盟脱退、九年にはヒットラーが総統に就任している。世界的なファッショ化の中で桃太郎は侵略思想鼓吹《こすい》のチャンピオンとして登場したのだった。

いや、またまた登場とでもいうのだろうか、実は教育勅語と結びつけた絵本が明治二十三年に出ているというし、日露戦争後には、『新作二人桃太郎』という絵本が出版され、軍帽・洋服姿でサーベルをつけた猿や犬、雉をひきつれているというし、大正に入ってからも、カーキ色の小さな日本軍人姿の桃太郎が銃をかついだお供をつれて征伐に行く絵本があるという。昭和に入ってからは、「桃太郎の海鷲」というアニメーションが出た。

ところが一方では、プロレタリア用の唱歌に改作され、地主をやっつけにいく桃太郎も満州事変（昭和六年）の頃つくられたと聞けば、軍国主義にも、プロレタリア革命の思想のためにも、桃太郎は役立てられてきたということがわかる。そこに「民主主義桃太郎は……」という一文を見せられたのだから、私がびっくりしたのもわかっていただけるかと思う。

これらの桃太郎に共通しているのは、揃いも揃って「気はやさしくて力もち」というイメージである。私なども小学校でこの唱歌を教えられた記憶があり、桃太郎というとすぐ「気はやさしくて力もち」と出てくるのである。

桃から生まれた桃太郎
気はやさしくて力もち
鬼が島をばうたんとて
勇んで家を出かけたり

日本一のきびだんご
なさけにつき来る犬と猿
きじももろうておともする
いそげものどもおくるなよ（後略）〈田辺友三郎作詞〉

もう一つ、「桃太郎さん桃太郎さん」で始まる唱歌とともに桃太郎は日本中の子供たちの中に浸透していった。

戦争の痛みを身に沁みている私どもの年代は、多かれ少なかれ、共通した拒絶反応を持っている。君が代、日の丸、神話などがそれである。そして桃太郎もその一つだった。あの日本一という旗のイメージも嫌いだったし、気はやさしくて力もちはけっして悪いことではないのに、つくられたものという感じがあった。つまり優等生なのである。

その後『日本のむかし話』をまとめることになったとき、私はどこかに、きっと、もっと本当の民衆の中に生きている桃太郎がいるに違いないと思った。もっと野放図で、もっと土の匂いのする桃太郎、鬼ガ島へでかけることがふしぎでない太郎。私はそういう太郎を探し求め、そして太郎は確かにいたのだった。岡山県に残る桃太郎話がそれである。

豪放・野放図な桃太郎が生きていた

岡山民話の会編『なんと昔があったげな』の上巻（昭和三十九年）および稲田浩二氏と立石憲利氏の共編による『奥備中の昔話』（三弥井書店・昭和四十八年）がそれで、この二冊には、豪放というか、呑気というか、よい子ではけっしてない桃太郎話が載《の》せられている。

ただ、一篇にすべてが語られているのがなく、桃太郎なのに瓜子姫の型が混ざったのかと思われる機織りのくだりが入ったり、また途中で終わったりしているのもある。採訪の時期が戦後であるためだろうか。私はこの桃太郎話にほれこんで、このなかから再話というかたちでまとめてみたが、原話集から、私が心ひかれたいくつかのくだりを引用してみたい。

（前略）「お爺さん、お爺さん、なんとこりゃあ思えがけもない。家《うち》にゃあ子供がおらんのに、男の子が、なんと桃からうまれたんじゃが、桃太郎いう名あ付きょうか」という。

「そりゃあえかろう」

せえから、大きょうにしょうて、ある日のこと、近所の友達が、

「桃太郎さん、木ゅう拾いい行きましょうや」

「木ゅう拾いい行きゃあええんじゃが、なんにもこしらえが出来とらん」せえから、あくる日、

「いま、にかわ（荷を負う縄）をなようる」せえから、あた、あくる日、

「今日は、行きましょうや」

「今日は、にかわの髭《ひぎ》ょうむしらにゃあならん」また、翌日に、

「今日行きましょうや」

「今日は、背な当ちょうせにゃあならん」（『奥備中の昔話』）

というわけで、桃太郎は毎日毎日、今日はわらじを作らにゃあいけん、今日はまさかりとがにゃあならんと、なかなか山へいかない。ちょうど子供に用をいいつけると、いま本よんでるからこの本よんでから、とか、勉強してからとか、誰ちゃんとこいってから、とか、なんとかかんとかいって用事をするのを延ばそうとしている、それにそっくりなのである。さて何日か後、ようやく山仕事に出かけた桃太郎は、

山へ行くと昼寝ばあしょうて、晩方になってしもうた。近所の人が、

「桃太郎さん、もういにましょうや」

いうたら、桃太郎は、

「ワー」

いうてあくびをして、大きな木のもとへ行って小便をして、それを引き抜いて、かついでもどった。(『なんと昔があったげな』上巻)

村人もおどろいたろうが、おばあさんもおどろいてしまう。何とも豪放な、大らかな少年像が浮かび上がってくるではないか。

さて桃太郎はいよいよ鬼退治に出かけることになるが、キビダンゴの作り方が、ま

たいい。

ある日、桃太郎が、

「おばあさんおばあさん、キビダンゴをしてくれえ、鬼退治に行くけえ」

いうた。おばあさんは臼をゴーリン、ゴーリンひいて、トウキビダンゴの大きなのを三つしてやった。（『なんと昔があったげな』上巻）

桃太郎は成人して鬼退治に行こうとし、キビダンゴを作ってもらい、カズラへ通して腰につけて出かける。

二例をあげたが、この二つを補いあうと、ゴーリン、ゴーリン、臼でひいてつくったキビダンゴの大きさが、カズラへ通す、ということでくっきりと浮かび上がってくるのである。ずいぶん前のことだが、汽車の中で農民の親子が赤ん坊の頭ほどもある握り飯一つを二人で食べているのをみて驚いたことがある。都会の感覚、現代の感覚では計れないものが、カズラを通して腰に提げたキビダンゴに感じられるのだ。

その面白さがも一つある。あの有名な「オコシノモノハナンデスカ」「ニッポン一ノキビダンゴ」「一ツクダサイ、オトモヲシマス」「ソレナラヤルカラツイテコイ」というくだりである。これは戦前の教科書の文章だが、さてここのところを、どういっているだろう。


「腰のものは何でござりゃ。」

「日本一のトウキビダンゴ。」

「一つつかあせえ、おともします。」

「一つはどうなん、半分やる。」（『なんと昔があったげな』上巻）

この「一つはどうなん、半分やる」桃太郎を、けちだという子もおり、犬、猿、雉にわけるのだから、全部やったら自分の分もなくなるから仕方がないという子もいて、子供たちの議論が起こるところなのだが、岡山に伝わる桃太郎は、このように優等生ではまったくない人間味溢れる桃太郎なのだった。

農民の間にかく語り継がれた桃太郎があることに、私は深い感動を感じる。江戸時代に書物に書かれたり、絵草紙になっても、そうしたものに接する機会の少なかった農民にとってそれはそれほど影響はなかったろう。しかし、明治以来、教科書に載《の》せられ、小学唱歌は全国津々浦々でうたわれた。気はやさしくて力もちの桃太郎は、国民共通の桃太郎像であった。

おばあちゃんの話してくれる桃太郎、おかしいよと岡山の子供がいったかもしれない。けれども岡山の人たちは、堂々と、野放図な桃太郎を守りつづけ、語り伝えてきたのである。なぜならそれこそ、自分たちの心の中にすむ、本当の桃太郎だったからに違いない。

だれが「良い子」にしてしまったのか

私はこの話をもとに「桃太郎」を書き、絵本にもなったが、受け取る側は戸惑うようである。へえ、こんな桃太郎があったのかという驚きがあり、もちろん好きになってくれる子供もいて嬉しいのだが、そこで出てくる母親たちの疑問は、「民話の絵本はたくさん出ていて、いったいどれが本当の話なのでしょうか」ということになるらしい。

民話には決定版はないので、一人一人がそれぞれ語り継ぎ、また文章化するときは、一人一人の個性なり思想なりがおのずから出てしまうのだということが、まだ知られていないようである。そして怖いと思うのは、今の若い母親たちですらが、どこかで昔の教科書の尻尾をひいており、国定教科書を知らないはずの年代すらが、良い子の桃太郎が本当の桃太郎だと思いこんでいることだ。これは戦後書かれた絵本が、おそらく何一つ考えもせず、お子さま向きに、安易な「桃太郎」や「舌切り雀」を作ってきたからであろう。それは本ではなく、オモチャにすぎなかった。

いや、堂々たる大出版社が出した豪華本のなかにすら、「きんたろうは　べんきょうが　だいすきで　どうぶつたちが　きても　わきみなど　しませんでした」などという文章があるのである。この絵本については当時新聞にも取り上げられ批判されたが、作者側がこういう金太郎を書こうとして書いたのではなく、その大出版社が勝手に、勉強している金太郎の絵本を作り、これに字をつけてくれといったのである。

このやり方は、つい十数年前までは日本の商業絵本作りの常套《じょうとう》的な、やり方だった。まず絵を描かせ、そのスペースに何字で何行入るかをきめ、その何字何行かの枠に、きんたろうは　べんきょうが、と埋めていくわけである。

本当の絵本とは何かという追究の中でこの陋習《ろうしゅう》は破られ、まずストーリーがあり、構成があった上で絵の仕事に入るという本来のあり方ができるようになったのは、戦後どのくらいの年月がたっていたろうか。十五年以上もたっていたのではないだろうか。それはやはり、良心的な出版社、編集者、作家たちの、本当の絵本作りをめざす闘いの成果であった。この金太郎の絵本の字を埋めた某氏にとって、金太郎はいかなる金太郎か、追究する時間はなかったのではないかと思う。また考えもしなかったのかもしれない。これは推測だけれども。とするなら、これはまったく出版社側の「教育ママ」追随の意図による民話の歪曲といえる。

では金太郎についてはどんな語り伝えが残っているだろうか。静岡県駿東郡小山町中島区（現・中島）が金太郎の生まれた土地といわれているが、金太郎がのぼって遊んだ杉があり、峠へ登る途中には「猿待合」といって猿と待ち合わせて遊びに行った場所がある。また山のほこらには、金太郎が近くの沼から目高を捕ってきていれものに入れ、生きたままお供《そな》えしたという。それで今も子供の病気が治るよう、ガラスの器や竹筒に目高を泳がせて供える風習があると。何とも愛らしいではないか。また山一つ越えたところには「子迎え」という小字があるそうな。これは姥がそこに立って、遊びほうけてなかなか帰ってこない金太郎を待ったところという。ふりむきもせず勉強していた金太郎どころか、やんちゃで遊ぶのが大好きな金太郎がそこには残っているのである。

また姥は達見の持ち主だったらしく、子を教育するには他国の山水を見せねばならぬと、猪鼻山の岩穴に入り、仙石原や箱根を見渡しながら暮らしたという。

桃太郎も金太郎も、その源をさぐれば、それぞれ個性豊かな、やんちゃな子供たちなのだった。その子供たちをではいったい誰が良い子に仕立てたのか。教科書という国家権力もあるだろう。出版社の商魂もあると思う。そして、もう一つ、民話を子供に素朴に語ってきた民衆とは、まるですこし高いところにいるかのような気持ちで、その話を書物にした人々のこと、それも忘れてはいけないように思う。

というのは、現代においても民話を再話再創造する私たちの思想性の問題もあるわけで、権力によって歪曲された民話を本来の姿に正していく作業と同時に、その正し方が、本当にそれでよいのかという虞《おそ》れをつねに持っていなくてはいけないのではないだろうかということなのだ。

長い歳月語り継がれた民話には、現在の私どもの都会化された、小さな考えだけではおしはかれない、どろどろとした部分がある。もしそこを忘れると、その時その時の時代に迎合し、「軍国桃太郎」が一転して「民主主義桃太郎」になりかねない。岡山の人々がひっそりと、食っちゃあ寝の桃太郎を軍国主義とも民主主義とも思わず語り継いできた心、そこを大切にしなくてはならないと思うのである。

3　再話について

唇を縫い合わせた娘

ここまで書いてくると、それじゃあお前さんは、どんなふうに民話を再話してきたのか、と問う声が聞こえるような気がする。

前にある雑誌で民話の「わたしの方法と文体」を書けといわれてひどく困ったことがある。どうもそういうことがうまく説明できない。私は二十代の終わりに肺の一部分を切り取る手術をしたが、そのあと、起き上がろうとしても千貫の石が胸に乗っているようで、からだが動かず困ったことがある。普通、人はからだを動かすとき、いちいち考えない。起きようと思えば起きられる。ところが起きようと考えても起きられないのだ。そこで、いったい人間は目が覚めて起きるとき、どの筋肉を使うのだろうと一生懸命考えたが、どうもわからなかった。文体や方法を問われることもそれに似ていて、分析して書いているわけではなく、呼吸するように書いているところがあるから、だから当惑するのである。けれども筋肉をどう使うかを考えるように、すこし整理してみよう。

一つには、視点の問題があると思う。第一部4章で後述すると書いておいた犀川久米路橋の人柱伝説を例にしてみよう。

信州の民話採訪の旅の途中、私は学校の先生で詩人でもある高橋忠治氏を訪ねた。そのとき洪水の話などもうかがったのだが、この人柱伝説についても淡々と話してくださった。それはごく大まかなもので、

昔、犀川のほとりに貧しい百姓夫婦がすんでいた。女房は洪水で流されて死に、小さな娘を男手一つで育てていた。あるとき、その娘が病気で、今日明日をも知れぬほどになった。父親はたった一人の子だから気が気でない。必死で看病していると、その子が糸のように細い声で、「おらぁ、小豆まんまが食いてえなあ」といった。父親は死のうとしている子のために、その夜こっそりと地主邸にしのびこみ、わずかな小豆と米を盗んできた。そして小豆まんまを娘に食わせたところ、娘はわんをかかえて、うまいうまいと食べ、ふしぎに命をとりとめた。

そして、よくなると子供のことだ。まりをついて遊びながら、おらの家じゃううんまいうんまい小豆まんま食ったと唄ったのである。

このことが詮議をしている役人の耳に聞こえたからたまらない。父親はすぐに引っくくられてしまった。ちょうどこの頃、犀川の橋が毎年のように流されるので、人柱を立てようという話がもちあがっていた。そこに父親が引っくくられて来たから、これこそ神のお告げに違いねえということになって、父親は生きながら人柱として埋められてしまった。

娘はそれを聞いてから、ふっつりと口が利けなくなってしまった。そうして村をさまようようになった。

何年か経ち、娘は美しく育ったが、やはりひとことも口は利かなかった。ある日、ひとりの猟師が鉄砲を持って猟に出かけた。鋭い雉の鳴き声に、猟師はどんと一発、射ち放った。そして、獲物を取りに近付いたとき、あっと立《た》ち竦《すく》んだ。そこには口が利けなくなった娘が、雉を抱えて歎いていたのであった。「雉よ、お前も一声鳴いたために殺されたな、おらもそうだ。おらがひとことといったばっかりに、お父うは殺されただ……」猟師は呆然とその姿をみつめていたが、我に返って「お前、口が利けただか」と駆け寄った。すると娘は顔をそむけ、そのまますすきの野へ消えていった。それっきり、娘の姿を見たものはない。

というようなものだった。私はこの話を聞いたときの感動を忘れることができない。すすき原の奥へ消えていくほっそりとした娘の、灼《や》きつくような悲しみが私に伝わってきた。貧しさの中で盗んだ僅かな米と小豆のために父が殺された。そして自分の唄からそれが知れてしまったと知ったとき、小さな娘にできることは、われとわが唇を縫い合わせることと、それしかなかったろう。物言わぬ姿を人目に晒《さら》すことが、その娘にできるたった一つの抵抗ではなかったか。そして、思わず抱きしめた雉に物を言いかけ、猟師にそのありさまを見られたと知ったとき、娘はふっつりと姿を消さずにはいられなかったのだ……。

視点ということ

私は昂奮して東京に帰り、「民話の会」でその話をした。そのとき「民話の会」の人たちは不思議そうにいった。「松谷さん、それは雉も鳴かずば射たれまいという話でしょう。古くさい話だと思うけどなあ」今度は私がびっくりした。どうしてこんなに意見が違うのだろうか。

そこで家に帰ると信州の資料を調べてみた。するとあったのである。犀川の久米路橋の話が……。慌しく読んでみて、私は本を閉じた。確かにこの話なら目を通したのである。それなのに私の心臓はコトリとも音をたてなかった。何の感動もなく読みすごしていた。いったいそれはなぜなのだろうか。

もう一度読み返してみて、私はやっと二つの話の相違点がわかった。資料では娘が射たれた雉を見て「ものいわじ、親は長良の人柱、雉も鳴かずば射たれざらまし」という歌をよむことになっている。そしてそれからもずうっと村にいるのである。

だいたい伝説は同じ村の人にきいても、すこしずつ違うことが多い。だからこの位の違いはけっして不思議ではないのだが、この二点だけでも全然物語は違ってくるのである。

つまり資料の方は、「もの言えば唇寒し秋の風」とか「泣く子と地頭には勝てない」とか、「長いものには巻かれろ」的な立場で書かれているのではないだろうか。もしかしたら書き手はそこを意識していないかもしれない。けれども、そう読みとれ、だからこそ古くさい話として一蹴《いっしゅう》された。

しかし、高橋さんが淡々と語ってくれたとき「長いものには巻かれろ」という視点は無かった。むしろ幼い娘の、激しい思い、唇を縫い合わせることによって抵抗した精神の厳しさがあった。

書くことは怖い……。私はそのとき、しんそこそう思った。体臭のように、にじみ出てしまう思想性。高橋さんは詩も書き、教師もしておられるけれども村にすみ、村の人たちの語り継いだままをつまり農民の立場で語ってくださった。だからこそその語りはしっかりと生産をする農民の側に立っていたのではなかろうか。そして資料の方は雉も鳴かずば射たれまい、という視点に立つことに、何の疑問もなく書物にしたといえる。

かといって、民主主義桃太郎は、というような、うわすべりした視点には立ってはならない。そのあたりに難しさがあるようだ。語り伝えてきた人々の心の中には、この話を子供に伝えることによって、あるいは村人たちの中に伝えることによってどういう意義があり、だからどうあらねばならぬというような目的意識性はまことに稀薄だったに違いない。

ただその人たちは働いている人たちが主だった。伝えてくれたのが旅の座頭坊だったとしても、そこに定着し、何代か語り継ぐのは、やはり手を動かし、からだを動かしてものを作る人たちだった。その身体を漉《こ》して滴《したた》り落ちた話なのである。そこには底抜けの楽天性もあり願望もあり、笑い話もあり、ときには陰湿な継子譚にもなる。

私は、そこを大切にしたいと思う。小さな自分の視点で斬るのでなく、そのどろどろとしたものの中へ自分の視点をくぐらせ、一緒に呼吸する。その上で、私がこの話を語るなら、こう語りたいと思う。そういう作業が必要なのではないだろうか。伝説にしても昔話にしても、よい原話とのめぐり合いがまず大切で、それがすべてを決定する位だけれども、選ぶ視点は何かという点になれば、やはりどこまで自分が生産点に立てるかということを抜きにしては考えられない。

「語り」と文体

つぎに、語り口、文体の問題がある。「あなたの文体は男性的な語り口ですね」といわれたことがあって、へえそうかと思った。もう一人には「あなたの文体は世間話の文体ですね」といわれたことで、こんなふうにひとさまにいわれると、自分では意識していないことをいわれるのだから、なるほどとも思うし、身に覚えもあるような気がする。

これは、私はこうしてきたということより、むしろ願望になるのだが、民話の再話に、もしナタで削るか、細い彫刻刀を使うかという方法があるとすれば、私はナタで削りたい。いちばん大切なテーマを大まかに削っていきたいと思う。彫刻刀は美しく整うかもしれないけれど、あまり部分にとらわれると、何をいっているかわからなくなり、表現ばかりが浮いてきかねない。また余計なことは綿々と書かない。そこを語り残してこそ人生について思いを馳せる楽しみがあるのに、書き手のイメージを押しつけるように、これでもかこれでもかと書き加えていく再話は好きでない。

しかし、語りの中にも、ゆるやかに豊かに語る部分と、たたみかけて語る部分が必ずあって、よい原話ならきっとそれがある。たとえば「うりこ姫とあまんじゃく」の話には次のような語りが入っているものがある。

オリヒメ子
オリヒメ子
山さ栗拾いに行くから
下駄履いて来《き》れ
とアマノジャクが言った。
下駄が鳴るから
厭《や》んた
とオリヒメ子が言うと、
そんだら
草履はけ……

とアマノジャクは言った。
草履もないから
厭んた
とオリヒメ子が言うと、
それじゃ俺が
おぶって行く
とアマノジャクが言った。
刺《とげ》があっから
厭んた
とオリヒメ子が言うと、
それでァ板を敷いて
おぶるべえ……（『聴耳草紙』・前出）

こうしてついに、アマノジャクは背中に板をあてがい、うりこ姫をおぶって山へつれて行くのである。わらべ唄にも似た語り口で、なんとか山へ連れ出そうとするアマノジャクと、なんとかのがれようとするうりこ姫の掛け合いを聞くとき、聞き手が子供だったら、もうどきどきし、手に汗を握る。草履はくとぽんぽん鳴るからいや、というふうに語る語り方もある。下駄はくとカランコ鳴るからいやー。何とも愛らしい。

物語の中に残るこのような豊かな楽しい部分は、再話の場合大切に語らねばならない。もし、当然あるべきところに失われているとしたら、そこを補いながらふくらませていくことも必要である。

もう一つ、民話には、呼吸や息づかいが必要だと思う。文学にしてしまってはいけないと思うのである。あまりに追究しすぎ、つや布巾で磨き上げた作品にはあきがくるのではないかしら。村々の老人の語り口そのままを記録した原話集がいつまでも新鮮なのにくらべ、ともすれば再話がつまらなく、色褪《あ》せてくることが多いように思うのは、私のひがみだろうか。

それは畑の菜を露も泥もつけたまま掘りおこしたものと、八百屋の店頭に、いやデパートの食品売場に、ポリエチレンの袋に包まれ、清浄無垢《むく》な顔で並んでいる菜との違いのようでもある。奇麗《きれい》だけれども生気がなく、すこしするとしなびてくる。そうではないもの、まだ泥も露も残っているままで、ただ虫くいの葉はとってある、そんなみずみずしさと未完成さが、むしろ再話には必要かと思う。ということは呼吸や息づかいの残る文体ということもふくまれるのであって、文学にしようと必死で取りくんだ跡が残ってはいけないのではないだろうか。

民話の本質が「語る」というところにある以上、語りには書き直しはできないのだから、語り始める以前の呼吸にすでにたっぷりとしたよい語りになるか、気の進まない語り方になるかの違いがある。文章化する場合も、その一息に語り始めるだけの充実感がものをいうのではないだろうか。

民話は「私」のうちにある

世間話の文体だという批評にも、私はやっぱり見抜かれたなという気がした。もともと私は山の村を訪ねて、本格昔話を聞くよりも伝説と入り交じったあたりや、世間話を聞くのが好きなのである。なぜならそこには、その土地の人々が語り伝えてきたものがあり、より多く祖先との出会いを感じるからなのである。その時の、その職業の人だけが生活の実感から生まれた言葉で語ってくれる。都会の消費的な生活に毒されている私たちは、じかに土を踏み、生産の中に身を置く人々の語りを聞く努力なしに民話を語ってはいけないと思う。しかしそれは、民話が自分とはまったく別のところにあるということではない。私はかつて民話を無意識にではあるけれど、自分とは別のところにあって、どこかに探しにゆくもの、山を越えて訪ねてゆくものというふうに思っていた。

それがある時期、数年前のことだが、必要があって十代の終わりから二十代の初め頃の、初期に書いた自分の作品を読み直して驚いた。民話とは縁がなく育ったと思っていた自分の中に、民話の影響を発見したのである。

教えられたということではなく、誰しも自分の血の中に自分の民話を持っているのだ。からだだけが血を受けていると思ったら間違いで、血の中には色濃く祖先の思いなり、考え方なり、怨念なりが流れているはずである。ということは上手下手は別として自分もまた語り手であり、電車の中で隣に坐っている人も語り手の一人であり、また、それぞれが民話の主人公なのだということを実感として感じるようになった。つまりお客さんではないのである。だから再話の仕事は本来語り継ぐべきことなのだけれども、それを活字を通して語っていくという姿勢がいつも必要ではないかとおもう。

4　民話が移り変わっていくこと

再話する人の姿勢で、民話が変えられていくことの怖さについて、何回か触れてきたけれども、本来民話はひとりでに成長し、時代とともに変わっていくものらしい。私の好きな話に「海のさんこ」という話がある。

八本目のタコの足

むかし、小さな島にさんこという娘があった。さんこは小さい時から山さいって柴かり、海さ行って天ぐさとり、一生けんめい働いてあったが、大きくなるにつれて島一番の美しい娘になり、みんなからかわいがられていた。

ある日のこと。

今日もさんこは、七尺もの長い柄のついたかまをかつぎ、海の草とりにでかけた。岩の上に立ってすきとおった水の中をのぞいてみると、みたこともない程大きなタコが、岩のかげでひるねをしていた。タコはでかいからだを波うたせて、ぐうぐうねていたが、いきなりふとい足をさんこの立っている岩の上に、うーんとのばしてきた。

「これはうまい」

とさんこは、その足をかまで切り、背中にかついでかえってきた。次の日、またその岩にいってみると、大ダコはまだぐうぐうねてあった。

「何たらねぼすけのタコだべ」

とあきれてみていると、タコはまたうーんとのびをして、ザバザバッと水しぶきをあげ、ふとい足をどでんと、さんこの足もとへなげだしてきた。

さんこは、これはうまいと、その足をまたかまで切り、背中にかついでかえってきた。

こうして次の日も、次の日も一本ずつとってきて、さんこは七日の間かよった。八日目に、さいごの一本を切りとろうとした時、タコは眼をさまし、いきなりさんこをひきよせて海の底へひきずりこもうとした。さんこはかまをふりあげてたたかったが、とうとう力がつきて大ダコの足にまかれ、海の底へひきこまれてしまった。岩には力一杯ふみしめたさんこの足あとがのこった。

島一番の美しい娘、さんこはこうしていなくなってしまった……。

島の人たちはかなしんで、この島をさんこ島とよぶようになった。（瀬川・松谷共編『秋田の民話』未來社・昭和三十三年）

娘から猫へ

この話を知ったのは、もう十五年ほど前、秋田の民話を集めた時で、『秋田の民話』に私が書いたものである。

その後、さんこ島を訪ねた。男鹿の海辺にあって独立した島ではなく、岩礁をぴたぴたと波が洗っていた。この話を聞いたとき、北の海の荒々しい自然に立ち向かっていくさんこの姿が、私をぐいぐいとひきつけた。七尺もの柄のついた鎌をかついでタコの足を切り取ってくるさんこもさんこなら、七日の間ぐうすらと眠りほうけていたタコもタコである。

この話は長崎、三重、熊本、福岡、そして秋田と海辺に広く分布されており、タコを海の精霊であるタコと語っているところもある。単なる大ダコではないことが、これでよくわかる。切り取る方は婆さまが多い。欲ばりだからという語り方をしている話もあるが、私は欲ばりだというふうには感じられなかった。北の海の荒々しさと立ち向かう海の女の、土性骨とでもいうものを感じたのである。

男鹿のさんこの話は、うら若い娘であるだけに、哀切の思いが残り、忘れ難かったが、つい昨年、佐々木徳夫氏編になる宮城県の昔話集『むがす、むがす、あっとごぬ』(未來社・昭和四十四年)の中で、この八本目のタコの足の話を見つけた。その話があまり面白いので八歳になる娘に話してやったら、すっかり気に入って彼女のレパートリィになってしまった。原話が宮城弁で難解なので、再話したのを載せてみる。

あるとき、蛸《たこ》が陸《おか》の上さ上がって、お昼寝してたんだって。そこさ、大きな野良《のら》猫《ねこ》がやって来て、蛸の足ば、片っぱしから食っちまったんだと。

蛸のほうはねぼすけで、ぐうすら寝とったもので、わが足が食われたのも知らないでいたんだと。七本まで食っちまった猫が、腹いっぺになって前足で顔洗っているころになって、蛸が目えさましたんだって。そうしたらこのありさまだ。

蛸は悔しくて悔しくて、なんとかして猫ば寄せつけて、残った一本の足で、ぎゅーっと締めつけてやるべえと思ってね、

「猫さん猫さん、一本ばかり残さねえで、みんな食ってけらえ」

と、優しい優しい声でいったんだって。すると猫は、後ろ足で立ち上がって、前足

をつんつんさせて、
よせやよさねか
その手はくわぬ
むかしその手で
二度だまされた
ニャンコは商売《しょうべえ》　商売
と、歌いながら、ふくれたおなかかかえて、帰って行ったって。
これでおしまい　チャンチャン
（『日本の民話』第十一巻・角川書店・昭和四十八年）

八本目のタコの足の話は、ここではまったく変貌を遂げてしまった。

私がひかれるのは、このニャンコである。さんこは海の精霊であるタコとたたかって、八本目のタコの足に巻きつけられ、ひきずりこまれて死んだ。その話は海辺では広く伝えられていたにちがいない。

だからこそ猫は、七本目まで食っても大丈夫だとばかりせっせと食ってしまい、さて、昼寝をしているタコの傍で前足をなめてはくるりと顔をこする、あの動作をゆうゆうと始めるのである。目を覚ましたタコが何とか猫を引きずり込もうと、猫撫《ねこな》で声《ごえ》で差し招いても、猫はその手に乗らぬ。ニャンコは「商売《しょうべえ》商売」と、ふくれたおかをさすりさすり行ってしまう。タコの口惜しさはどれだけだろうか。海の精霊もここでは形《かた》なしである。

自分の仕事が好きで、いかにも楽しげに打ち込んでいる人の中に、私はときどきこの、ニャンコは商売《しょうべえ》商売、とでもいいたいような顔をみいだす。

その人たちは七本目の足までは、ゆうゆうと食うのである。しかし、あとの一本には手を付けない思い切りのよさを持っている。引き際の鮮やかさとでもいうのだろうか。爽やかである。考えてみれば七本目まで食うこと自体が、何でもないようで度胸の要ることなのだ。ぐうすらと寝ているタコが、いつ起きて足を巻き付けてくるかわからない。そこを見定めながら、七本目までは食ってしまう猫だからこそ、商売《しょうべえ》商売、とうそぶくことができるのだ。

この話は讃岐（香川県）でもずっと前に採集されている。

章魚《たこ》の主《ぬし》が山の鼻に居て、潮が満ちた時は上の方へ来て仕事をしていた。潮が干いた時に水溜りが出来たので、その中へ入ってもう海へは帰らずにしゃがんで居った。その山の上に一匹の猫が居った。潮が干いたので海辺へ来ると水溜りの中に章魚の主が居た。章魚の足を一本食うたが、章魚が動かぬのでもう一本食うて見た。まだ動かぬので一本々々と食べて八本足の中で七本まで食べてしまった。章魚はしばらくして目が覚めて見ると、八本の足が一本になっている。寝ている間に山の猫に食われたと思って、残りの一本の手で猫を招いて見た。その時猫がその手は食わぬと言ったという話。（武田明編『讃岐佐柳志々島昔話集』三省堂・昭和十九年）

これを読むと、タコの八本目の足の話が、猫になっていったのも、宮城だけではないことがよくわかる。しかし、これだけではあまり面白くない。その手は食わぬとはなるほどそういうことだったのかとしか考えいたらない。しかし宮城の、あの猫の唄によって、猫はたちまち面目躍如たる猫格を与えられたのである。一つの話が、八本目のタコの足という部分では同一でありながら、まったくその趣を異にしていく面白さ、海の主であるタコが揶揄《やゆ》されていく時代の移り変わりを汲み取ることができるのである。

伝説の山んばと昔話の山んば

自然の精霊または神として崇《あが》められた蛇も三輪山の神として現れてから後はしだいに祟《たた》りをする妖怪とともに扱われるようになり、「田之久《たのきゅう》」という話では滑稽な役割を演じるようになる。

山んばもその一つで、はじめ山の神であり、人々に仕合わせをもたらす存在だった山んばが、「牛方と山んば」という話の中では人を取って食う鬼婆となり「三枚のお札」という話では和尚さんに手玉に取られ、うまうまと納豆に化けさせられたあげく、餅にくるんでぺろりと食われてしまう存在になりさがっていく。

山んばが山の神として語られたのはいつの頃かさだかではないが、八本足のタコの話と同じように、古い形のものと、時代が降《くだ》って来て変化したと思われる話と、いま両方が共存している。そして、幸をもたらす山んばは伝説に多く、鬼婆としての山んばは昔話に多いようである。古い形のものとしては土佐に残る話があるので、引用してみたい。土佐も北の国境に接した山村、土佐郡本川村というところである。

(前略) 大体、この地方にはこの部落からさらに奥の部落の中ノ川に越す山上に山《やま》姥《んば》が棲んでいて、山路を通るものを見つけて一声だけ長うに呼ぶと言われていて、呼ばれた時にオーイと返事をすると命をとられると言って恐れ、呼ばれて返事をしなかった時には、その年の畑作がびっくりするほど豊作になると言われております。（後略）（桂井和雄『土佐の伝説』第二巻・高知県福祉事業財団・昭和二十九年）

この山んばはある時、馬右衛門という大力の百姓にほれて、五斗尻山で夫婦になった。馬右衛門というのは、山んばの出てくる山も恐れず、小屋を作って泊まりこみ、五斗まきの広い山の斜面を金づち一つで伐り拓くような男だった。たった一日で焼き畑にしていると山んばが出て来て、じっと見ていたが、すっかりほれこんで夫婦になったのである。ところが馬右衛門が山の暮らしがつづいたもので魚が食いたくなり、海へ行こうとした。すると山んばはひどく嫌い、どうしても行くなという。馬右衛門もきかぬ気で行くという。すると山んばは「馬右衛門、お前との世もこれかぎり」といって姿を消した。そして馬右衛門は海へ行く途中、どういうわけか崖から落ちて死んだという。

後年、この夫婦がすんだ五斗尻山に、山中卯生男《うぶひこ》という人がヒエを作るようになったが、山んばが長うに呼んだ年には、三升のヒエの種から、三十石の収穫があったという。普通三升の種から穫れるのは三石から六石というから、山んばは実に五倍から十倍の収穫を恵んでくれたわけだった。この卯生男さんは昭和二十六年に八十余歳で没したというから、幸せをもたらす山んばは現代でもまだまだ健在だったのである。

山んばはまた山の神としてまたぎ（猟師）に獲物を恵む存在として登場する。岩手には二人のまたぎと山の神の話が残っている。

万治《まんじ》と磐司《ばんじ》という二人のまたぎがいた。万治は狩りの名人で磐司は下手であった。あるとき万治が山に入ると、一人の女が苦しんでいた。じきに子供が産まれる、どうか水をくれという。万治は腹を立て、またぎというものは死人の穢《けが》れより産《さん》の穢れを嫌うものだ、ええ、これで今日の猟はめちゃめちゃだと毒づいて水も与えずに去ってしまった。そのあとに来たのは磐司で、女の苦しむのをみて谷川へ駆け降り水を汲んできてやった。するとその間にもう赤ん坊が産まれていたが、何とそれは十二人の赤ん坊で、産まれたばかりというのに、もうはいはいをしたり、お坐りをしたりしていた。すると女は、私は山の神である、心よく介抱してくれたお礼にはお前に山の幸を与えよう、山へ入ったなら磐司磐司と唱えるがよい、狩りは思いのままであろう、にくいのは万治、山の幸はもうやれぬといった。それから磐司はまたぎの神さまといわれるほどの名人になったという。

磐司は山の神へのお礼に、十二日を山の神の祭日として、山へ入らないこととした。これは十二人の赤ん坊にちなんだという。ことに十二月十二日は山の神が山の木を数える日だといってけっして入らない。何しろ山の木は何万本とあるので、山の神はところどころの木を二本ねじりあわせ、心おぼえにする。そこに人間がいると、木とまちがえられてねじり合わされてしまうというのである。

以上の二つの例をみても、伝説上の山んば、山の神は、山の幸をもたらす存在であったことがよくわかる。

一方、昔話の中での山んばは、「牛方と山んば」「三枚のお札」「天道さん金の鎖」のように鬼婆としての数は多いが、中には「米ん福・糠ん福」の山んばのように宝箱をくれる山んばもある。そして、恐ろしい山んばと思ってふるえながら山をたずねたところ、切ってもつきぬ錦をくれた「ちょうふく山の山んば」は、非常に珍しい例である。

この話は戦後ただ一例だけ集められ、私もこの話にほれこんで『やまんばのにしき』という絵本にさせてもらったが、このただ一例しかない話を集められたのは、今村義孝・泰子夫妻であった。この話ののっている『秋田むがしこ』はこのほかにも「座頭の木」という日本版のクリスマスをおもわせるような美しい話がのっており、これも一例しかない。戦後にもこうしたすばらしい話は、まだまだひっそりと語られているのであった。

語り継ぐことと創り育てること

このように民話の主人公なりテーマが、すこしずつ変化していく例をみていると、今、私たちが新しい民話を語り継ぐことも、けっして悪しきことではないように思われてくる。

私は今、自宅の庭に「本と人形の家」という建物を建て、子供の本の文庫と、年に何回か人形劇を上演しているが、若い友人たちがそこで「鬼のお嫁さん」という作品を演じた。

これは日本中に残る猿聟入りの一つのかたちで、猿聟入りというのは、山畑を耕している爺さまが、ああ誰か助けてくれたら娘を嫁にやるのにという。すると猿が出て来てすっかり畑をしてくれて、その代わりに末の娘を嫁にしてつれていってしまった。やがて末の娘は里帰りしたいといい、餅を搗《つ》かせ、重い臼ごと餅を猿にしょわせて里へ降ってくる。そして臼をしょったまま猿を木に登らせて桜の花を折りとらせ、ついに猿は谷川へ落ちて死ぬ。そのとき猿は哀れにも、流される自分の命は惜しくないが、残る姫ッコがかわいいとうたいながら、死んでいくのである。

この話は原話で聞いても哀れだが、鬼として人形劇になってもひどく哀れで、子供たちは案外ケロッとしていたが中年のある夫人に、若い娘たちはさんざん叱られるというおまけがついてしまった。ものの哀れ、人間の心を知らないというのであった。

この民話にはたしかにそうした一面があり、そこの何かわからない魅力があってこそ、この芝居をやりたかったという意見と、フランスの美女と野獣のように、ある日愛の力ですばらしい若者になるようにはならないかしら、という意見も出た。

「蛙のお嫁さん」という話があるが、日本では蛙は蛙のまま去って行く。しかしロシア民話では美しい女に変わる。なぜ日本だけがそうなのか。今からでも、そういう愛の民話にしてはいけないのか。

そうしてもいいような気がしてくるのである。ただその変わりようが、作られたものでなく、本当に人々の願いを反映しているならば、それは残っていくのではなかろうか。

5　現代の民話について

民話はいまも生まれている

民話が時代とともに、すこしずつ変化し、似たような話なのにテーマがまったく違ってきたりもする……と同時に、民話はまた日々生まれいでているものだということを、近頃、沁々《しみじみ》と思うようになった。なぜならそれは、語り手は私であり、あなたであるというその次元に立ってこそ、すんなりと胸に落ちるからである。今、村を訪ねるときまって出てくるのは明治の頃の話であり、いや明治どころかほんのすこし前の出来事が世間話として語られもする。

私の家の手伝いをしてくれていた若いA子さんから、村の出来事を聞いたことがあったが、それはそのまま『遠野物語』にでもありそうな世界だった。いつのはなし？ときくと、つい二、三年前という返事が返ってくる。それはA子さんが実際に見聞きした出来事なのである。A子さんはそれをごくあたりまえのこととして語ってくれるのだった。

私のすんでいる東京では、A子さんの村での話のようなことは起こりにくい。しかし都会には都会の、現代の民話が実は生まれつつあるのである。けれども現代の私たちは、ぼんやりとテレビをながめ、むこうさまから流れてくる映像を受けとめるのに馴《な》れて、豊かな物語を作りあげる能力をしだいに失いつつある。一つの不思議な出来事、変わった人間について、ユーモラスな話、それらは繰り返し語られていくうちに、きまった語り口ができ、間合いも生まれ、ふくらんでもいく。その能力を失いつつあるのである。

このことはちょうど電動式の鉛筆削りが出たために、小刀で鉛筆を削ることができなくなった子供たちに似ている。文化的であるように見えるけれども、実際は停電が一つ起こっただけで何事もなし得ず、生活のすべてががらがらと崩れるような、そして、手はあっても動かすすべをしらないような、非文化的な方向へ進んでいっているのではないだろうか。

その時その時で生まれてくる世間話の中にはずばりと世相をいい得ているものがあって、ああこれが現代の民話だなと思うものが少なくない。けれどもその話が定着していくには時間が必要であり、語ることを忘れた人々は、大切な語り継ぐべき話まで忘却のかなたへ押しやろうとしている。

昭和二十七年、木下順二が「民話管見」（岩波書店「文学」五月号）という論文で現代の民話を提唱したとき、その後一つの例として山代巴さんが採り上げた話に密造酒の話があった。

村へ税務署の役人がやって来て、婆さんをつかまえ酒はあるかと聞く、へえへえござんすと婆さんは役人を山へ連れていった。役人はさては山の小屋にこっそり造っているんだなと、ふうふういってついていくと、とある竹林の前まできた婆さん、へえ、これがうちの竹でござんすといったという話である。

耳が遠くて酒と竹を聞き違えたふりをして、まんまと役人を煙に巻く、この話は近頃調べてみると日本の各地で語られていることがわかった。時間とひろがりとを獲得し、定着した現代の民話といえる。そして役人をきりきり舞いさせた人間も、あるところでは婆さんだったり、子供だったりするが、ある土地ではちょうど彦市や吉四六さんのように特定の人物の名が冠せられて語り継がれているのだった。

確かに民話は今も生まれつつある。ただそれに気が付かないのではないだろうか。

「チキン、カムカム」と「朱膳朱椀」

いくつかの例をあげよう。

もう十年余も前の事である。前に書いた『龍の子太郎』が国際賞をいただくことになり、私は突然外国に行かねばならないことになった。なにしろ戦争中英語は敵国語だといって、ろくすっぽ習ってない私のこととて、何とも心細い。まだ出国には外務省の許可が要る頃だった。情けない顔をしていると友人が話をしてくれた。

あなたのような人がいてねえ、ちっとも言葉が通じないのに外国へ行ったわけよ。それでレセプションに出席してね、フルコースの食事が出たんだけど、全部食べない中にボーイがさっさとお皿を持って行ってしまうんですって。そこへ大好物の鶏の料理が出たので、さあ、今度こそ全部食べてやろうと思っていたら、またもやボーイがお皿を持って行こうとしたの。そこでその人、必死に叫んだんですって。チキン、カムカム！

私は笑いころげ、これはまったく現代の笑話だと思った。そして、「朱膳朱椀」の話を思い出したのである。

田舎者が京詣りに出かける。お客さんご上洛ですかと宿の女中にいわれ、何の事かときくと京へ上ることだと教えられる。下りは下洛よし覚えたといっていると、赤いお膳が運ばれてきた。朱膳朱椀と教えられ、なるほど赤いのは朱膳朱椀と合点した。息させて無事京詣りをすませて帰ってくると、親父殿が柿の木から落ちて怪我をした。息子はあわてて医者に駆けつけ、親父殿が柿の木に上洛仕《つかまつ》り下洛致し朱膳朱椀を流しましたといったが、何の事やら医者にはとんとわからなかったという笑話《しょうわ》である。

日本中が封建制の枠でぎっちり固められ、往来もままならなかった時代、伊勢詣りや京詣りは庶民にとっての大きな夢であり、一世一代の出来事だった。そしてそれがしだいに普遍化していく中でこうした笑話が生まれた。

この上洛下洛、朱膳朱椀を外国語に置き替えてみるとこの話がそっくり現代に通用することに気付くと、思わず吹き出したくなる。今の日本には日本語では何となくかっこ悪いとでもいうような風潮があって、何でも外国の言葉でいうものだから、私など恥のかきっぱなしである。チキン、カムカムの話にしても、当時〝カムカム……〟という言葉の歌が流行し、外国語を知らない人にも耳慣れた英語だった。その共通の背景からの笑い話なのだが、多くの、言葉も喋れない日本人が流れ出るように外国へ行く状況があってこそ、生まれ出た話といえる。

しかしこれを、ただ単に皮肉な、苦々しい笑いとだけ見てはいけないのであって、大笑いした後に、そうなのだ、言葉もろくに通じない人間がせっせと外国へ行く、それだけ世界は狭くなったのだという実感が確かに残るのである。あの人も行った、この人も行った。お正月はハワイで過ごします。いま家内がギリシアに行っておりまして……。すらりとそういう話が通じる世の中になってきたのである。日本中が一つ一つの藩から脱け出して、自由になろう一つになろうとした頃、朱膳朱椀の話が生まれたように、チキン、カムカムの笑いも、世界中が自由に交流し得る時代の反映ともいえるのである。

今、子供たちは、「僕たちは地球人だよ」とすらりといってのける。他の星との往来が笑話となって語られる日は、そう遠いことではないかもしれない。

庄内浜の狸の話

昔話の動物の中で幅をきかしているのは、狸や狐である。化かされた話なら本当につい先頃までもあって、数え切れないほどだが去年おもしろい狸の話を山形の羽黒山で聞いた。庄内浜の狸の話なのだが、私も好奇心がある方なので、庄内浜まで出かけてその話を確かめた。それはこんな話である。

山形の庄内浜は海辺のじきそばまで山が迫っている。そこに段々田んぼを造っていたのだが、いつの間にやら米が出来すぎるのがけしからん、米は作らんようにせい、作らんでいれば政府がナンボか金を出すという馬鹿げた話になってきた。戦争が終わって、あれほど米が足りん、米作れ米作れといわれて作ったのに、手のひらを返すように作るなという。そこでメロンや西瓜《すいか》を作ることにした。

ところが困ったことが起きた。狸である。このあたりは狸が多いのだが、稲が植わっているときは食わなかった。それが好物の西瓜やメロンだというので、さあ明日が穫《と》り頃じゃという時になって、ペロリと食ってしまう。立ち聞きでもしているように、いちばん穫りごろに食ってしまうのだ。何とかせにゃと畑のまわりに網を張ったりもしたが、張りきれない。では懐中電灯をぶらさげておこうということになったが、電池が痛ましい。そこでカーバイトランプを吊るすことにした。

さすがにこれで狸も出なくなり、ほっと胸をなでおろしたが、その頃、一一〇番で警察に電話をした者がある。「庄内浜でK国の密航船とカンテラ振って合図している者がおるぞ」それというので警官隊が繰り出した。どこだどこだと探して、ようやくメロン畑でペカペカゆれているカンテラを発見した。大目玉食った持ち主は面白くない。「いったい誰だ！　一一〇番した奴は！」というと誰かがいった。「そりゃ電話をしたのは狸よ、あいつらカンテラ点《つ》いとりゃ困るもの、ちょこたり出かけていって一一〇番したに違いない」

庄内浜というのは密航船のメッカとでもいうべき所で、事件が跡を絶たず、警察でも立て札を立てて一般の人の協力を呼びかけているという。減反政策と密航船と狸という組み合わせは、まったく現代をよく表している。この話を羽黒の山の中で聞いたのも、世間話としての面白さであろう。それを東京の私が聞き、語っていく。定着するかしないかはわからない。けれども、現代の民話という一つの芽がここに芽生えていると思う。

河童が訴える公害の民話

狸といえば河童の話もある。しかもこれは公害の民話である。

福井県大野郡和泉村というところで、金沢市に住む作家かつおきんや氏が聞いて来られたものだが、その村と河童の縁は深く、今でも河童が教えてくれたという傷薬を作っている家もあるし、門口などに下がっている木のナワカケを指して「ここに河童が魚を吊るしておいてくれた」などとなつかしく語るのだという。それが一軒や二軒ではないのだという。

なんで魚をくれたのかというと馬鍬《まぐわ》が川へ落ちた、怖いとか、耕運機の刃が川へ落ちたとかいって、村の人のところへ泣きついてくるのである。河童話にはつきものの話で、河童は、大蛇もそうだが、鉄をひどく嫌うのであった。そこで親切な村の人は早速出かけていって馬鍬やら鋤やらをとりのぞいてやると、河童はよろこんで何匹かの魚を入り口の木の枝でつくったナワカケにひっかけてくれた。ところが木のナワカケではすぐ折れるし、すこししか魚も吊るせまいと欲を出して鉄のカギにしたら、河童はそれっきりこなくなったというのである。このゆかりの木のナワカケがぶらさがっているのが一軒や二軒でないというのだから面白い。なるほどそう聞けば、河童とは縁が深い村なのである。

ところがある夜のこと、村の人たちは河童が悲しい声で「川の水をかえてくれ、川の水をかえてくれ、水がおとろしい、水がおとろしい」と訴えるのを聞いた。それも一人や二人ではない。十人の上もの人が聞いたのである。村の人たちは不思議に思って川を見にいったが九頭龍川《くずりゅう》は青く透《す》んで何の変わりもなく流れている。ところが河童は「もう住んでおられん」「あの川の水はお前さんらにもようないはずじゃ」とまたもやいってくる。村の人たちもうるさくなって、しまいには邪慳《じゃけん》にあつかった。すると、ある夜、河童たちは激しい雨の中をよろよろと山へ立ち去っていった。

それから二年たった。村の人たちは河童のことなど忘れるともなしそれっきり忘れていたが、あるとき、川下へ働きに行った折、方言の研究に来た学生と知り合い、河童の話になった。学生はその時は何もいわなかったが、一月ばかりして県から村長がよびだされた。九頭龍川がカドミウムに汚染されとるというのである。九頭龍川の上流の鉱山から毒が流れ出て、今は設備を改めたから、もう出てはいないが、この何年か毒が出ており、まだ消えてはいない。汚染された米については補償をする云々という話であった。こうしたことも河童の話を学生さんにしたことがきっかけだったと聞いて村の人たちは、またまた驚いた。村の人たちはいまさらながら河童に申し訳なくて、山へ登った。「河童よう、お前らのおかげでわしらは助かった、ありがとうなあ」すると、霧のおくからかすかに答える声がした。「百年したらもどっていくさかい、それまでに川をきれいにしておいてくれえ」

私はこの話を聞いたとき、ああ、やはり現代の民話は生まれつつあるのだと思わずにはいられなかった。

それにつけても思い出されるのは、アイヌユーカラにある神の子のオキクルミと悪魔の子との話である。

悪魔の子がくるみの木の弓にくるみの木の矢をつがえ、流れに向かって打ちこむと、流れはみるみる毒されて、鮭たちが泣きながら流されて行く。神の子は怒って銀の弓をひきしぼり銀の矢をつがえて水の源へ射こむと、清らかな水が流れ出し毒の水を押し流して、鮭たちはまたよろこんで川をさかのぼってくる。

悪魔の子は癇癪《かんしゃく》の炎をめらめらと燃え立たせ、くるみの木の矢を大空めがけて射こむと、毒の風がおこり、野原の鹿を吹きとばす。神の子がまた銀の矢でそれを助け、神の子と悪魔の子との闘いになるというのだが、気が付いてみればこれは大昔の公害の話ではないだろうか。アイヌユーカラにはこのほかにも、人間たちがけものを獲るとき礼をつくさないために、けものの神が怒って人間の世界からけものを引きあげてしまうという話もあり、現代とのつながりに驚くのである。

川の水を汚すまい、山を穢《けが》すまいというのは私たちの祖先の、自然に対する畏れ、つつしみからだった。いま私たちは、この畏れやつつしむ心を忘れつつある。自分が置かれた場所、時代、考え方の中でぐるりとみまわして、あれはあれ、これはこれと割り切って暮らすことに馴《な》れてしまった。そのむこうにあるものへの畏れを取り戻すこと、いま人々は手さぐりでもう一度さがしはじめているのかもしれない。私が民話に魅かれるのも、その畏れがあるからなのである。

とむらいにいった鳥

戦争についての現代の民話も多い。

信州の上田は、昔から鳥の名所だったという。いま信越線で上田あたりを通ると、果樹園に点々と真っ黒な鳥が止まっているのを見ることができるが、この鳥が太平洋戦争も末期になると、鳥のカの字も見当たらんようになってしまった。町の人たちが不思議がって、「上田の鳥てば大したもんだったに、へえ、どこへ行っちまったずら」というと、ひとりの爺さまが、「南方で兵隊さんがたくさん戦死しなしたもんな、鳥は南方へおとむらいに行ったんださ」そういったと。

たったこれだけの話である。しかし何という哀切きわまる話だろうか。その頃の日本は夫が死のうと子供が死のうと「お国のためです。名誉の戦死です」と挨拶して、人前では涙を見せることさえはばかられた。南方で戦死したと聞けば、飛んでも行きたい、せめてその土地の土くれでもいい、握りしめたいと思うのが骨肉の情である。それができない。その思いを黒い衣を着たような鳥に託して語ったのである。おそらく無意識に。

これも戦争の話である。

小さな子が三つになる子が、死ぬまぎわにまちっと、まちっととといってたべものをねだりながら死んでいった。その子は鳥になって、今も「まちんと、まちんと」と鳴きながらとんでいる。……

いつ、どこともしれずたしか西の方で聞いた話である。このほかに、無数に戦争中の話は残っているのだ。人々はなぜその話を語り継がないのであろうか。

島根の日原には、こんな話が残っている。

今はすっかり賑やかになったが、日原町の八幡さまからすこし行ったところに、ぶんぶん岩という岩があった。昔は淋しい気味の悪いところだったという。ある晩のこと、若い女が糸を紡《つむ》いでの帰り道、ここで殺された。それから夜ここを通ると、

去年も十九
今年も十九
ぶうん　ぶうん

と唄をうたって、糸を紡ぐ音がした。そこでここをぶんぶん岩という。またある時はすこし離れた野原で、やっぱり夜、

去年も十九
今年も十九

といって、その娘が踊りを踊っているという。そこでここを十九原という。

去年も十九、今年も十九、暗い野原でただ一人踊っている若い娘、ずうんと胸が痛

む話である。私はそのとき、ナジム・ヒクメットというトルコの詩人が書いた「死んだ女の子」という詩を思い出した。広島の原爆で死んだ少女をうたった詩である。

とびらをたたくのはあたし
あなたの胸にひびくでしょう
小さな声が聞えるでしょう
あたしのすがたは見えないの

十年まえの夏の朝
あたしはヒロシマで死んだ
そのまま六つの女の子
いつまでたっても六つなの

あたしの髪に火がついて
目と手がやけてしまったの
あたしは冷たい灰になり

風で遠くへ飛び散った
あたしはなんにもいらないの
だれにも抱いてもらえないの
紙きれのように燃えた子は
おいしいお菓子もたべられない（飯塚広訳詩）

死んだ子は年を取らない。原爆で六つで死んだ子はいつになっても六つなのだ。日原の娘は去年も十九、今年も十九と踊る。無理矢理に殺された若い命に残る思いを、この数行でしかない民話は語る。その思いを語り続けていった人々の心がそこにある。今、幼い命が交通事故で失われたとしても、去年も五つ、今年も五つと語り継ぐ人はいるだろうか。

あなたも語り手であり、私も語り手であるとするなら、いま語り継がねばならないことがあるのではないだろうか。広島では原爆のあと街中にちろちろと人魂が燃え、提灯も懐中電灯も要らなかったという。戦地での語り伝え、空襲の中での語り伝え、私たちは今こそ語る力を取り戻さねばならないのではなかろうか。

6　わらべ唄について

失ってしまったもの

もう一つ、私たちが取り戻さねばならないものがある。それはわらべ唄である。

私の子供の頃は、毎日の生活の中にわらべ唄があった。学校でも遊び時間に「通りゃんせ通りゃんせ」や「小豆たった煮たった」や、「今年の牡丹はよい牡丹」で遊んだし、雨の日は教室で「おひとつ、おさらい」とお手玉で遊び、まりをつき、「せっせっせ」をした。「鬼ごっこ」も、鬼のいぬ間に洗濯ジャブジャブとうたって洗濯のまねをし、鬼をからかったものである。学校から帰れば近くの友だちと、やっぱりまた「通りゃんせ」をした。そんな時は大きい子も小さい子も一緒で、小さい子は「ミソッカス」と呼ばれたが、それでもお尻にくっついて歩き、放り出されたりはしなかった。

そのわらべ唄が聞こえなくなったのは、いったい、いつ頃からなのだろう。道を歩いていて、わらべ唄で遊んでいる子を見ることなど、ほとんどなくなってしまった。

先日八歳になる下の娘が、「今年の牡丹はよい牡丹」といって遊んでいるので、どこで教えてもらったの、いま遊んでるの、と聞いたら、「バレエスタジオでね、練習が始まる前にみんなで遊んでるの、小さい子の組のA子ちゃんに付き添ってくるおばあちゃんが、みんなに教えてくれたんだよ」といった。

なるほどこういうかたちで伝えられてはいるのだなと、嬉しかったのだけれど、そんなことさえ珍しいと思えるのは、本当は情けないことなのである。じゃんけんぽんはできても、チキリハイヨ！　という激しい掛け声をかけ、火花を散らして争った「天下取り」や「ハンカチ落とし」をやることも少なくなったという。私たちが日常的に楽しんだ、これらの指先を使う遊びをしなくなったため、子供たちは不器用になり、工場で新採用した若者たちは、昔なら一年で覚え、熟練したことを、三年かからなくてはできなくなったという。

いったい文明は進んだのだろうか。

こうした問いかけが繰り返し、私の胸の中へつきあげてくる。戦争が終わったとき私たちは二度と戦争を繰り返すまいと心に誓い、営々と働きつづけてきた。そして今、汚れた空気、汚れた水の中で、みせかけだけの金ぴかの鳥籠を飾り、みずからをそこへ閉じ込め、唄を忘れたカナリヤのようにもがいている……といったらいいすぎだろうか。私にはこのきらびやかな現代が、一皮めくれば汚濁《おだく》に満ちた暗い地獄図のように思われてならない。

そして、さらに私を愕然《がくぜん》とさせたのは、東北地方の若い母親たちが、地域で開かれた若妻会でこう発言したという事実である。

「赤ん坊だもの、子守唄うたったって仕様ねえス」

その場に出席した講師がショックを受け、私に聞かせてくれたのだが、私も背筋の寒くなる思いがした。生命の尊厳をこれほど侮蔑した言葉はない。この底の浅い合理主義で育てられた子が、やがて母親が老いたときいう言葉が聞こえるようである。

「婆さまだもの、生きていたって仕様がねえス」

生命の重みを受けつぐ

ちょうどその頃、たまたま下の娘がまだ二歳で保育園の赤ちゃん部屋で、羽仁協子さんからわらべ唄の指導を受けていたのだが、ある日、こんな遊びを覚えて帰ってきた。

ここはじいちゃん　にんどころ

ここはばあちゃん　にんどころ
ここはとうちゃん　にんどころ
ここはかあちゃん　にんどころ
ここはねえちゃん　にんどころ
　だいどう　だいどう
　　くちゅくちゅくちゅ

私は二歳の娘が自分のおでこや、ほっぺたや鼻をつぎつぎ指しながら遊んでいる姿をみて、そんな唄があったのと感心していたが、突然、これは大変なことだと思った。

秋田にもこのわらべ唄は残っていて、にんどころを寝んどころとうたうという。ではにんどころとは寝所《ねんどころ》のことだろうか。わらべ唄はうたい継がれて行く中で、意味がわからなくなる言葉があり、これもその一つだけれども、赤ちゃんを抱《だ》っこして、ほっぺたやおでこをつついてうたうということであれば、これは似たところという意味ではないかと思ったのである。

ところが最近、古い言葉で洞とは家門、一族という意味があるときいた。だいどう

だいどうというのが大洞なら、大きな一族になる。もし大同という意味なら、大勢が一つになるという意味や、天下が栄え平和になるという意味にもなることがわかった。とすると、このはやし言葉は、生まれた赤ちゃんを祖先から受けつがれた命として一門の中に加え、祝福し、仕合わせをねがった言葉として受け取っていいのではないかと思う。そうなるとにんどころは、やはり似たところと考えてよいのだろう。

赤ちゃんが生まれたとき、親や親戚友人一同が見舞いに来て、まずいう言葉はきまっている。「まあ、この子はお父さん似だ、鼻がそっくり」とか、「あごはどうみても、おばあちゃん似だね」とかいう言葉である。

いう方も聞く方もあまり日常的なことで、少しも意識していないけれども、こうした言葉ほどひとりの赤ちゃんの生命が連綿と祖先から受け継がれたものであることを語っている言葉はない。そして母の腕に抱かれ、ここはじいちゃんにんどころとあやされて育った子は、自分でも知らないうちに、生命の重みを知るのではなかろうか。じいちゃんがあり、ばあちゃんがあり、とうちゃんがあり、かあちゃんがあり、姉ちゃんもいて、そして自分が存在するということ、自分が木の股から生れたのではないということ、良くも悪しくも受け継がれた血をからだの中に持っているということを知るのではないだろうか。

そう考えていくとき私はこのわらべ唄が大切に思われてならない。抱きとった赤ちゃんの重みを、受け継がれていく生命の重みとして受けとめてきた私たちの祖先のこころがそこにあるように思われるからである。

虚構と心象の世界

そして、わらべ唄の中には、お風呂の中でうたう唄や、顔をふいてやるときの唄があることも知った。

どんぶかっか　すっかっか
あったまって　あがれ
河原のどじょうが
こがいをうんで
小豆か豆か
つづらのこ　つづらのこ

これがお風呂の中でうたう唄である。お風呂の中で子供を膝にのせ、ゆすりながら温めてやる。「さあ、二十数えてあがるのよッ、一、二、三、四、……」こんなふうにいっている母親は多いのではなかろうか。いや私自身にも覚えがあって恥じ入るのだが。

おでこさんを　まいて
目黒さんを　まいて
鼻の橋をわたって
小石をひろって
お池をまわって
すっかりきれいになりました

これが顔を拭くときの唄である。

昔、水は井戸端で汲み、手桶に提げて水がめに汲み込んだ。洗濯は川で、飯炊《た》きは裏山の木をひろってかまどで炊いた。私が疎開していた時代ですらそうで、一日中私は水汲みに追われていた。今のスイッチをポンと押せば何事も自動的に出来る時代にくらべ、何と忙しかったことだろう。その頃の人々が、お風呂で温めてやる唄をうたい、顔を拭いてやる唄を持っていたということに、私はまたまた感動するのである。タオルをぎゅっとしぼってものもいわずごしごし拭くやりかたが、かえって時間をもてあましている今の時代には多いのではないだろうか。

そして、鼻の橋をわたって、小石をひろって、といってハナクソを取ることの面白さを思うのである。ハナクソもタオルでぎゅっと取ってしまえば痛いようと子供は泣く。しかし、小石をひろって、とうたいながらハナクソを取るとき、子供は、小石がハナクソであると知りながら、 acククク と笑う。楽しいのである。大袈裟《おおげさ》にいうなら、幼い子供はここで虚構と真実の兼ね合いを体得するのではなかろうか。鼻の橋をわたって、小石をひろって、と顔を拭いてもらうとき、その唄を知らない子にとってはハナクソはハナクソでしかないけれども、唄を聞いて育った子は、頬っぺたや口、そしてハナクソにすら、おはなしの世界をみつけることができるのではないだろうか。

ハナクソはハナクソだけれど、ちゃんと知っているけれど、小石をひろってと取ってもらうことの嬉しさ、心楽しさ、その子はおはなしの世界でかぼちゃが馬車になろうと、狐が化けようとびっくりしたりはしない。それはお話だという訓練が出来ているからである。しかし逆にまた、それが真実であるという訓練も出来ている。おはなしの世界の中にある、きらりと光る真実を見分ける目を持つことができるのだから。

そしてまた、わらべ唄は幼い子供の心象世界に、どれほど豊かなひろがりをもたらすことだろうか。

今年の牡丹はよい牡丹
お耳をからげてすっぽんぽん

で始まる「今年の牡丹」は、入れてといって入ってきた子が、昼飯だからといって脱けて帰る。その背に子供たちは声を掛ける。

お昼の御飯《ごはん》はなあに
とかげに蛙に蛇
生きているの　死んでいるの
生きているの

その返事を聞いた子供たちは、はやし立てる。

誰かさんのうしろに蛇がいる
あたし?
ちがーう
誰かさんのうしろに蛇がいる
あたし?
ちがーう

振りむき振りむき遠ざかっていく鬼に、突然子供たちは、そう! と答える。つまりお前が蛇だと宣言し、その途端に逃げ出すのだ。蛇になった子は追いかける。そのとき幼い私は、深く黝《くろ》みさえ帯びた青い空にいちめんいちめんに咲き狂う牡丹の花と、青く光る蛇となって追いかける○子ちゃんに、めくるめくような怖れと美の世界を感じ陶酔したものだった。人間があるとき突然蛇になる、それは虚構の世界といい切れるだろうか。はかり知れぬ心の深淵を、このようなかたちで幼い日から私は子供たちに出会わせたい。

ねんねんころりよ　おころりよ

ぼうやのお守りはどこへいた
あの山越えて里へいた
里のお土産《みや》に何もろた
でんでん太鼓に笙《しょう》の笛
貰うてやるからねんねしな

母親がうたう子守唄を聞くとき、赤ちゃんの心の中に、はるかな山を越えたところにある小さなお里、トントンピイピイと、太鼓や笛も聞こえてくるような、ねんねのお里が浮かぶのではないだろうか、たどたどしい言葉で、そういう意味の言葉を聞かせてくれた子がいた。

四カ月の赤ちゃんでさえ、母親がテレビをみながら授乳していると怒るという。私は六ヵ月になる赤ちゃんに、毎晩おはなしをして聞かせている若い母親をしっている。その母親は昼間は仕事を持ち、保育園の赤ちゃん部屋に子供を預けて働いているのだが、夜、寝かしつけながら、さまざまのおはなしを聞かせているのだという。種がなくなると、「お前のお父ちゃんとお母ちゃんがなぜ愛し合って一緒になったか」というおはなしとか、「ふう叔母ちゃんがなぜ遠い北海道に行っているのか」というおはなしや「勉叔父ちゃんがなぜあの年で大学生なのか」などというおはなしを聞かせているのだという。赤ん坊はそれが楽しみで、ちゃんと聞いているのだという。お父ちゃんとお母ちゃんがどんなふうに愛し合ったか、などという話を赤ちゃんに聞かせている若い母親なんて、まったく楽しいではないか。それは我が家の民話になっていくに違いない。その母親はその子が大きくなったとき、赤ちゃんだったときのおはなしも、繰り返し聞かせることだろう。語ることの仕合わせな一例がここにある。

7　ふたたび山を越えていくことについて

山を越えることの大切さ

このたどたどしい民話ノートも、終わりに近づいたが、どうやら私の結論は山を越えて民話を訪ねていきいきしたけれども、実は私も、そしてあなたも語り手の一人なのだ、自分の血の中に民話は流れているのだということになりそうである。こんなあたりまえのことをいまさらわかるということは、いかに人間がのろまにできているかという証拠でどうも恥ずかしいのだが、たとえば言葉でわかるということと、実感として感じるまでと、また違うということなのだろうか。

けれども、それだけに山を越えて民話を訪ねることの大切さをもう一度かみしめるこのごろである。

私は、いま所属している「民話の研究会」の人たちとよく旅に出るのだが、山梨県西八代郡上九一色《かみくいしき》村へ土橋里木氏をお訪ねしたときのことである。身延線の無人駅芦川からさらにバスで谷あいの村へ行くのだが、一行の長老、松本新八郎先生が車中で突然河口湖から行きましょうやと提案された。地図によい道がある。富士五湖を見ながら上九一色へ車で入ろうという案だった。土橋先生、そんなことおっしゃいませんでしたよと私は心細げに反対したが、なに、最後に越える峠は女坂と書いてある。女坂など大したことはありませんよ、それに道路の線もついとるし、大丈夫、というわけで私たちは河口湖に行先変更し河口湖で下車した。

ところが精進湖《しょうじこ》まで行って大変なことになった。道路はまだ予定だけで峠は旧道を越さねばならないという。しかも女坂は今は通る人とてなく、荒れ果てて、僅かに郵便屋さんだけが一日一回通るのだという話であった。

一行の中には和服姿の女性もいて、村の人たちは首を振るのである。着くまでに草履の底はぬけるだろう、ご老人も混じっているようだし、おやめなさいと口々にとめる。土橋先生に電話をかけて、女坂の手前にいますというとえっと絶句された。どうも大変なことになってきたようなのだけれど、なに女坂だ、郵便屋さんが越えるのだから何で越えられぬことがあろうかと、私たちは大決心をして山越えを始めた。

いやいや、聞きしにまさる荒れようで、木の根をつかみ岩をつかみというのも、書くのはやさしいけど、本当にしてみるということは大変なのである。下りとなれば崖の片方はサラサラとみている中にも崩れて行くような危うさで、倒れている木に足はひっかかるし、谷川はドウドウと鳴っているのに一本橋は朽ちかけており、スリル満点の山越えであった。いったい男坂より楽な女坂なのか、女の一生をあらわす険しい女坂なのかと、ふうふういって越えていくと、黄色いヘルメットの電電公社（現・NTT）の小父さんが土橋先生の頼みで迎えに来てくれた。ほっとした。小父さんは呆れ果てたという顔で、ごらんなさい日は暮れてくる。雨でも降りだしたら遭難ですよという。

それだけに峠を越えてたどりついた村で土橋先生から聞く女坂の由来は心に沁みた。昔甲府の城が落ちたとき、身重の女落人がこの峠を越えて逃げたが、途中の木こり小屋で、この先まだどの位あるかとたずねた。あと五十四まがりと聞くと、落胆のあまりそこに倒れ、死んでしまった。杉の木の下に子供を抱いた地蔵さんがおりましたろう、あれがその女落人を供養した地蔵さんですという。

ましてこの道が中道往還《なかみちおうかん》といって、昔は田子浦でとれた生魚を、夜中かかって運んだ道と聞けば昔の人々の暮らしの厳しさが迫った。夕方、海からあがったまぐろを振り分けにして馬の背につけ出発すると、この峠に差しかかる頃は真夜中で、松明《たいまつ》を振り振り、熊除けの鈴を鳴らして峠を越えたのである。困るのは雨の夜で松明は消え一寸先は闇である。馬は利口で一度通った道は忘れないから頼りになるのは馬ばかりで、馬の尻尾につかまってあるいた。その馬も熊の気配がすると動かなくなり、怖がって馬子の袖に顔をつっこんできたという。

山の闇は、今の夜の明るさに馴れた者には見当もつかない暗さであろう。しぽしぽと降る雨に、馬と馬子は体を寄せあって熊の気配をうかがっていたろう。馬の温かな、柔らかな鼻面がこすりつけられてくるとき、馬子はどんなにか馬がいとしかったろうか。馬のにおいがただよってくるような話であった。

もう一つ面白かったのは石の地蔵の首のことで、峠の上やら中程やらに立っているどの地蔵さまの首も無いことであった。それは馬子のしわざで、振り分けにした馬の背の荷がどういうことでか、どうもそれは途中で魚を処分したということらしいのだが、軽くなると、重さを揃えるため地蔵の首を片荷へくくりつけたのだという。けしからん、地蔵の首を返せとだいぶ昔静岡側から申し入れがあり、とんでもない、そちらこそ、こちらの地蔵の首を返せと掛け合いになったという。とにかくあけ方、上九一色村はひっきりなしに通る馬の鈴のシャンシャンという音で目覚めたといい、その馬が甲府に入るともうボテ振りが待っていて、朝の町へ魚を売りに走ったという。もし峠を越えずに山の村まで自動車を乗りつけたとしたら、その感動の深さは違ったろう。女坂を越えたことで私は祖先の息吹にふれることができた。山を越えることの大切さを思うのである。

雨粒になった子供たち

もう一つ、群馬での出来事を書いてみよう。群馬県吾妻郡六合《くに》村入山に「民話の研究会」が出来たのは、昭和四十五年ごろのことだという。草津の裏側にあるこの村は、いわゆる僻地《へきち》と呼ばれるところで、学校の先生も長くはいつかないですぐ替わっていく。そこへ一人の女の先生が赴任してきた。昔からこの入山は差別されることが多く民話の世界でいうなら愚か村扱いにされた時代もあって、親たちも来てもすぐ出ていく先生方に不信があり、女の先生――その頃は加藤先生といった――はひどく悩んだ末、子供たちに本を読んでやることから始めた。

ところが、ここで松谷さんと関係があるんだよと、話してくれた中村博氏がいうのである。加藤先生が読みきかせた『龍の子太郎』を聞いた子供たちが、「それに似た話をしってるよ、ばあちゃんに聞いた」と発言したのだった。加藤先生ははっと思って、それから調べてみたところ入山にさまざまの昔語りがいまだに語り継がれていることを知った。共鳴してくれる先生方と「民話の研究会」が生まれた。子供たちと先生は、村の老人の間をまわり、むかしあったげなの話をしてとせがんでテープにとり、小冊子が生まれた。

はじめは物好きなとみられていたこの会も、しだいに根をおろし、次の年の運動会には「ほりきり沢の龍」という入山の世立《よたて》部落に伝わる伝説を一大野外劇にして上演することとなった。ほりきり沢には、けんずり穴という石の穴がある。すべすべした穴でなかは螺旋《らせん》状になっており、その穴に手をつっこむと大雨が降るといい伝えられている。この穴のいい伝えを中心に、入山の民話研の先生方と子供たちはつぎのような物語をつくりあげた。

昔この村にひどい日照りがあって作物も枯れ人々も死んでいった。それをみた三郎という少年が、けんずり穴に手をつっこめば大雨が降るといういい伝えを思い出し、穴へ行こうとするが、昔からの掟を破ると村人に反対された。しかし三郎は村八分になってもと決心し、とうとうほりきり沢へ行って穴に手を入れた。その途端山は鳴り、雷鳴はとどろき、一匹の龍が穴からとび出した。雨は沛然と降り出し、みるみる川の水はあふれ、村は押し流されようとした。その中で三郎は龍と闘いつづけた。三郎が龍にぶつかるごとに三郎のからだはしだいに大きくなり、やがて激しく打ちあったとき、あたりは突然しずかになり、さしもの雨はやんだ。

村はうるおい、いのちをとり戻した。しかし三郎の姿はなかった。村人のみあげる空に、龍の形をした星が光っていた。

この野外劇には本校分校あわせて百二十人の子供たちが総出演した。どうやって、と聞くと、三郎になる子、村人になる子、龍になる子、さまざまあるが、残った子はすべて雨粒になってかけまわったという。私はこの話を聞いたとき、入山の先生方への尊敬がひたひたと胸をひたすのを感じた。子供たちと一体になって、山のおじいさんおばあさんと一体になって、先生方はこの物語を創り上げた。その前向きの姿勢が、雨粒という発想となってこの劇を仕上げたのだろう。ぴちぴちと校庭をはねまわる雨粒たち、これこそおらたちの村の物語だと老人たちは涙を流して喜んだという。

「こねこちゃん」騒動の数えてくれたこと

「民話の研究会」の仲間たちは、中村博氏、吉沢和夫氏を中心に、たびたび入山を訪れ、すっかりお馴染《なじみ》になってしまった。あるとき、私も会の人たちと一緒に紙芝居をかついで入山の長平分校を訪れた。そのときのことである。この分校は生徒数四人という小さな分校で山深い地にぽっつり建っているのだが、もう本校へ行っている上級生や、これから学校へ入るという幼児もふくめて、十人あまりがアメをなめなめ、紙芝居を見物してくれた。

その一つに『こねこちゃん』があった。これは堀尾青史作・安泰画（童心社）の名作で私の大好きな作品である。この紙芝居の面白さは一つ一つの場面で子供たちへの問いかけがあり、こねこちゃんに名前をつけたり、遊ぶものを探してやったり、これからこねこちゃんがしようとしていることを当てたりする中で紙芝居が進行するところにある。それだけにまったく別の反応が出たりすると演ずる人間は困ってしまうわけだが、今までそうしたことはなかった。こねこちゃんに何かオモチャをあげましょうかと問いかければ、子供たちはボールボールと答え、おなかが空いてるのね、と問いかけると、ミルクをあげようと子供たちは答え、楽しくこの紙芝居は終わるのが常だった。

ところが入山の、長平分校ではまったく意外なことが起こったのである。場面が進んで、ミルクを飲んだ猫が箱にいったん入るのだが、なんだかおちつかず、出て行こうとする絵になった。「こねこちゃん、どうしたのかしら？」演者がこう問いかけるとふつうの反応は「おしっこ」とか「トイレだ」とか答える。そう答えてくれれば紙芝居は進行するのである。

ところが長平分校の子は、そう答えなかった。一人が「ねずみだ、ねずみだ」と声をあげると、「ねずみだねずみだ」という声にまじって「きつねだ、きつねみつけたんだ」という声がした。すると大勢《たいせい》はきつねに傾いて「きつねだ、きつねだ」という騒ぎになってしまった。

困ったのは演じていたT子さんである。ここでこねこちゃんにおしっこをして貰わねば紙芝居は進行しない。彼女は必死になって、「ね、さっきこねこちゃん、何飲んだっけ？ミルクを飲んだでしょ、ほらミルクって水分が多いじゃない、そうするとさ」と汗をふきふき誘導した。するとようやく一人が「しょんべんだ！」と声をあげ、めでたく紙芝居は次へ進み、こねこちゃんがおしっこをすませて眠ったところで一巻の終わりと相成った。

このことは私にとって実に鮮烈な印象となって残ったし、おそらく一緒に行った人みんながそう思ったと思う。昔の住宅と違って今は障子も少なく、猫穴とてあけようもないドアである。ニャアというたびに人間様がドアを開けたり閉めたりしてやらねばならない。子供部屋で抱いて寝るといえば「猫、おしっこすんだのね」と念を押す。都会で猫を飼いたいといえばまず問題になるのはそのあたりからなのである。しかし、ここの子供たちにとってそんなことは問題ではなかった。

「つまりさ、おしっこなんて山の子供たちにとっても猫にとっても、したい時すればいいので特に問題にもならないのよね」

T子さんがいい、まったくそうだとみんながうなずいた。

ねずみだけではなく、きつねも猫がかかっていく相手なのだろうか。学校の行き帰り、きつねと出会ったりする暮らしなのである。岩の上にきちんと坐ってコンコン鳴いていたよという子もいた。もっともコンコンと鳴くのはごく一時期のことらしい。元山分校のボケという犬のところへは、きつねがやってきて、つながれているのをいい幸《さいわ》いにエサを失敬して行く。こんな環境だからねずみ！　といった次に、きつね！と出るのがごく自然なのだった。

次の日、元山というさらに山深くの分校を訪ねた。休日で子供はおらず、そこからすこし離れた農家へ行くと、男の子が二人いて、はじめははにかんでいたが、やがてぽつぽつと口をきいてくれた。私はボケという犬の話が面白くて、その犬のことをしきりに聞いたのだが、そのうちにその子が「いつもはこうゆっくりしていられねえんだよ」といったときはまったく参った。早いときには朝四時半に起きて高原キャベツのダンボールの箱を八十箱から百箱も組み立てるのだという。それからご飯で茶碗も洗う、それに今日はボヤひろいにも行かねばなんねえ、こんなにしていられねえやというのであった。

空はあくまで青く、空気は清々しく、秋の蝶が舞い、春産まれた黒猫が母猫の乳をしゃぶっていた。どちらが親かわからないほど大きくなったのにまだ甘えている。うっとりとするような陽差しの中で私たちは声をあげて喜んでいた。しかし山の子供たちにしてみれば、こうしてはいられねえ忙しい時間だった。ここでは子供もしっかり生産点に立っている。そんな子供にとって、猫がおしっこをしたかしないか、それがどうだというのだろう。猫もまた生産のための一員として、ねずみやきつねを追っぱらう仲間なのだ。

恐縮した私は手間をとらせてごめんねといって退散し、縁側に腰をおろしてお茶をご馳走になった。その前を子供たちは積みあげたダンボールの箱を両手に持ち、にこりともせず、まっすぐ前をみつめ、黙々と山の畑へ向かっていった。

しかし、この子供たちは、その忙しさの中で、けんずり穴へいく立て札をつくり、けんずり穴へ降りる段々を作ってもいる。忙しさの中で自分たちの伝説を守り、愛する行動をちゃんとおこしてもいるのだ。

都会に住んで消費的な生活に馴れた私たちの視点は、気がつかない中に消費的な次元へずりおちている。六合村への旅は、痛みとなって私にそのことを知らせてくれた。自分の血の中に流れている民話、それはたしかにそうだけれど、ずりおちている自分に気づくためには、やはり山を越えていくことの大切さを思うのである。だからこそ、入山の研究会の存在は大切であり、東京の研究会の人々との交流を大切に思うのである。

そしてこの山は、汽車に乗り、小さな駅で降り立って越えるだけではなく、自分の心の中にある山をも意味している。

あなたも、私も語り手であると自覚したとき

今、私の所属している「民話の研究会」は、たびたび地方への採訪へも行くが、もう一つの課題として、東京の民話をみつめ直そうとしている。

私もあなたも語り手であると自覚したとき、都会の喧噪の中に埋没しているかにみえる、つい何軒かさきのおじいさん、おばあさんの中に、昔話の語り手がいるのではないだろうか。ごめんくださいとすんなり出ない自分を、行き交う人ごとにおばんですと声をかけあう村のしきたりの次元に自分を置いて、訪れてみること、それは自分の中の山を越えることにつながる。そんなふうにして歩いた中から、こんな話も、あんな話もと驚くような話が出てきているのである。

三宿《みしゆく》小学校の教師の中村博氏は、「世田谷の民話の会」をつくった。世田谷に勤めている教師が、ばらばらに民話の勉強をやっているので一緒にやろうよと集った。この世田谷区というのは、関東大震災以後急速に開けた地域で、流入した人が多いため、前から住んでいた人たちが小さくなっているようなむきもあるが、その人たちのやってきたことのすばらしさを伝えることが教育ではないかと思い、子供たちと集めはじめた。すると、世田谷にもこんな話があるんだねと目が覚めたように感じてくれるという。

渡辺節子さんという娘さんは、東京の八王子に伝わる三匹獅子の話を集めた。酒飲みのじいさんがこの獅子を質屋に入れ、川の中で獅子が荒れるという雨乞いにまつわる楽しい話だが、いくつかの世間話をまとめていくうちに、飛躍し、一つの話に凝縮していく瞬間がある。「あ、こうしてお話はつくられていくんじゃない？」と私はそのとき思わずさけんだことを思い出す。節子さんは一人でてくてく、どこへでも出かけていく娘さんで、気軽に坐りこんで話を聞いてくる。三匹獅子は絵本になったが（『三びきじし』ポプラ社、昭和五十年）、その過程で節子さんは一つ、何かをつかんだのではないだろうか。

今、民話は滅びつつあるともいわれ、ブームともいわれる。そのどちらも真実だと思う。昔話を語る老人たちは少なくなっている、しかしその反面、多くの若い人たちが民話に興味を持ちはじめている。そのひとりひとりが自分は聞き手であり語り手なのだという意識を持つことができたら……と私は願うのである。そして、ついそこの、隣の人も語り手であるのだと思うことができたらと思うのである。そのとき、そこから何かが生まれてきはしないか。

あとがき

私が民話について語ったり書いたりするそれ自体が、ひどくおこがましいことに思われて心が重い。にもかかわらず書かせていただいたのは、いつのまにやら気がついてみれば、昔話、伝説の再話とよばれる仕事やら、再創造とよばれる作品まで何冊かの本を書いてしまい、それならば民話について少しは勉強もしたろうし、考えることもあるだろう。その話をしろというお申し付けが多いからで、壇の上に立って話をする苦痛をまぬかれたいばかりに、たどたどと原稿用紙を埋めることとなった。

考えてみれば信州へ採訪の旅に出、民話に出会ってからふた昔に近い歳月が経っている。その間民話一筋にということではもちろんなく、人形劇団の雑務だのテレビの仕事の合間に、ぽつぽつ創作を進める明け暮れだったから、ある時期は採訪の旅など思いもよらなかった。ようやく下の子が二歳位になってからだろうか、また民話との出会いを確かめたくて旅に出るようになったのは。

そんなふうだから、日本中お歩きになったのでしょうなどといわれると、赤面しないではいられない。そのうえ、生来ひどく学問的でなくて、いくら本を読んでも知識を吸収しようとしても、どこかへ脱けてしまう。そしてこのふた昔の歳月の間に残っているものといったら、自分のからだをくぐりぬけてきた感動だけなのである。書くとしたら、ただそのあたりのことだけで、自分のたどってきた道筋をおはなしすれば、すこしは民話について思いをはせていただけるかもしれない。そう観念してようやく原稿をまとめ、とにかくごらんになってくださいとおみせしたら、すぐ出しましょうと、学芸局長の加藤勝久さんや担当の天野敬子さんから励ましのお言葉をいただき恐縮した。

巻末の参考資料一覧は、民話の研究会の若い友人である大島廣志さんに作っていただいた。この本を読んで、もうすこし民話について深めたいと思われる方のために、読んでいただきたい本を記した。

また本文の中に引用させていただいた参考資料は、本来原文のまま載せるべきであるが、今回は新仮名新漢字に改めさせていただいた。先達の諸先生方に引用させていただいたお礼とともに、お許しを乞《こ》うしだいである。

本文中には、さまざまの方のお名前が出ており、失礼を申し上げた向きがあったら、これもお許しを賜りたく、長い歳月の中に、民話にふれ合い出会うことは、そのまま人との出会いでもあった。もし民話の世界へ足をふみいれることがなかったら、私の生き方もずいぶん変わったと思う。よい先輩友人を得て、旅をつづけることができることを、有り難いことに思わずにはいられないし、その旅の間にめぐりあった地方の方々にも、心からお礼を申し上げたい気持ちで一杯である。

東京からやってきては何かとおはなしをせがむ私どもを、わずらわしく思われる時も多いだろうに、さまざまの昔語りをしてくださった。あの時、あの村で……と思い出すことは多いのに、ついついお世話のなりっ放しになりがちで、申し訳ないことである。ただ、身近な者は聞いてくれないのにと、よろこんでくださることも多く、気がついてみれば遠いところへは足を運ぶ私も、自分の身近な者には、話を聞きたい、聞こうと思いながらあとまわしになり、今年のはじめには母を喪ってしまった。

表紙の絵、本文のカットには、今まで民話集、絵本、創作などでご一緒に仕事をさせていただいた丸木位里・俊ご夫妻、久米宏一氏、瀬川康男氏のご好意をいただいた。厚くお礼を申し上げるしだいである。

昭和四十九年八月

松谷みよ子

再版によせて

東京神田に生まれ、一九四五年、敗戦の年に戦災で信州に疎開するまで東京で育った私は、民話の語りを聞くこともなく大人になった。疎開先で狐に化かされた話を聞いたが興味はなく、アポリネールやジャムの詩集に心をひかれ、賢治に心を奪われた。

三年後東京に戻り、劇団〈人形座〉の瀬川拓男に人形劇サークルの指導を受けたのがきっかけで、木下順二主宰〈民話の会〉に参加するようになる。それでもなお、どこかで民話とは馴染めなかった。すでに『貝になった子供』が処女出版され、童話の凝縮したかたちを愛していたのに、民話には一歩置いていた。

その一歩のへだたりを突き破ったのが、一九五六年、結婚と同時に踏み出した信州への民話採訪の旅であった。村を訪れて語りを聞き、その村の歴史に刻まれた苦しみや喜びに出会うことは、土着の魂と旅人の目が触れ合い火花を散らす瞬間であった。民話のなかには祖先の顔があった。

この信州採訪を機に、私は一気に民話の世界に入りこみ、捕われの身となった。民話の世界は、山脈のように大きく、ふところは深い。壮大な物語もあるが、野に咲く一輪の花のように、小さくても凛としてその存在を示す語りもある。そして、現代の民話への視点を語る話者との出会いが、更に民話の世界の魅力を深めた。

一九七四年に上梓された講談社の現代新書『民話の世界』は、こうした中から生まれた。それから更に数十年、いま、ＰＨＰ研究所の単行本として上梓していただくことになった。有り難いことである。そしてまた、私をここまで民話の世界へ導いてくださった方がたに、心から御礼を申し上げたいと思う。

松谷みよ子

二〇〇五年十月

学術文庫版によせて

このたび講談社からふたたび『民話の世界』が出版されることとなりました。読者のみなさまにより深く民話の魅力に触れていただければ幸いです。

二〇一四年七月

松谷みよ子

文献・資料について

1　民話について考えた本（発行年代順）

『桃太郎の誕生』　柳田國男　一九三三年（角川文庫所収　「定本柳田國男集」第八巻所収・筑摩書房）
『昔話と文学』　柳田國男　一九三八年（角川文庫所収　「定本柳田國男集」第六巻所収・筑摩書房）
『伝説』　柳田國男　一九四〇年（「定本柳田國男集」第五巻所収・筑摩書房）
『昔話覚書』　柳田國男　一九四三年（「定本柳田國男集」第六巻所収・筑摩書房）
『口承文芸史考』　柳田國男　一九四七年（「定本柳田國男集」第六巻所収・筑摩書房）
『民話』　関敬吾　一九五五年　岩波新書
『民話の発見』　民話の会編　一九五六年　大月書店
『昔話と笑話』　関敬吾　一九五七年　岩崎美術社
『昔話の歴史』　関敬吾　一九六六年　至文堂
『日本民話読本』　大川悦生　一九六六年　実業之日本社
『日本の民話』　木下順二編　一九六九年　毎日新聞社
『民話と教育（全三巻）』　西郷竹彦編　一九六九年　明治図書出版
『昔話は生きている』　稲田浩二　一九七〇年　三省堂新書
『民話と子ども』　岩沢文雄・小松崎進共編　一九七〇年　鳩の森書房
『民話への招待』　武田正　一九七二年　米沢文化懇話会

『日本児童文学』（臨時増刊・民話）　一九七三年　盛光社
『民話の再発見』　吉沢和夫　一九七四年　大月書店

2　民話を集めたもの（五十音順）

『アイヌ人とその説話』（北海道）　ジョン・バチェラー　一九二五年　富貴堂書房
『青森県の昔話』　川合勇太郎編　一九七二年　津軽書房
『秋田むがしこ』　今村義孝編　一九五九年　未來社
『秋田むがしこ―第二集―』　今村義孝・今村泰子編　一九六八年　未來社
『奄美大島昔話集』（鹿児島）　田畑英勝編　一九五四年　自刊
『壱岐島昔話集』　山口麻太郎編　一九四三年　三省堂
『牛方と山姥―海老名ちゃう昔話集―』（山形）　武田正編　一九七〇年　海老名正二刊
『奥隅奇譚』（青森）　中道等　一九二九年　郷土研究社
『奥備中の昔話』（岡山）　稲田浩二・立石憲利編　一九七三年　三弥井書店
『沖永良部島昔話』（鹿児島）　岩倉市郎　一九四〇年　民間伝承の会　一九五五年　古今書院
『おばばの昔ばなし』（新潟）　水沢謙一　一九六六年　野島出版
『甲斐昔話集』（山梨）　土橋里木　一九三〇年　郷土研究社
『川越地方昔話集』（埼玉）　鈴木棠三編　一九三七年　民間伝承の会
『聴耳草紙』（岩手）　佐々木喜善　一九三一年　三元社　一九六四年　筑摩書房
『木小屋話―置賜の昔話―』（山形）　武田正　一九七一年　桜楓社

『甑島昔話集』（鹿児島）　岩倉市郎　一九四四年・一九七三年　三省堂
『五分次郎―最上・鮭川の昔話―』（山形）　野村純一・野村敬子編　一九七一年　桜楓社
『佐渡昔話集』（新潟）　鈴木棠三　一九三九年　民間伝承の会　一九七三年　三省堂
『島原半島民話集』（長崎）　関敬吾　一九三五年　建設社
『笑話と奇談』（高知）　桂井和雄　一九五二年　高知県福祉事業財団
『すねこ・たんぱこ（Ⅰ）（Ⅱ）』（岩手）　平野直編　一九五八年　未來社
『大山北麓の昔話』（鳥取）　稲田浩二・福田晃編　一九七〇年　三弥井書店
『小県郡民譚集』（長野）　小山眞夫　一九三三年　郷土研究社
『讃岐佐柳志々島昔話集』（香川）　武田明編　一九四四年　三省堂
『手っきり姉さま―五戸の昔話―』（青森）　能田多代子　一九五八年　未來社
『遠野のザシキワラシとオシラサマ』（岩手）　佐々木喜善著　山田野理夫編　一九七四年　宝文館出版
『唐の大王鳥』（山形）　佐藤公太郎　一九七一年　みちのく豆本の会
『遠野物語』（岩手）柳田國男　一九一〇年（『柳田國男全集』第二巻所収　一九九七年　筑摩書房／二〇〇四年　角川ソフィア文庫）
『徳之島の昔話』（鹿児島）　田畑英勝編　一九七二年　自刊
『土佐の伝説―第二巻―』（高知）　桂井和雄　一九五四年　高知県福祉事業財団
『とんと昔があったけど（Ⅰ）（Ⅱ）』（新潟）　水沢謙一編　一九五七―五八年　未來社
『なんと昔があったげな（上）（下）』（岡山）　岡山民話の会編　一九六四年　自刊

『二戸の昔話』（岩手）菊池勇編　一九三七年　自刊
『日本昔話集成（全六巻）』（全国）関敬吾　一九五〇―五八年　角川書店
『日本昔話大成（全十二巻）』（全国）関敬吾　一九七八―八〇年　角川書店
『日本昔話通観（全三十一巻）』（全国）稲田浩二・小沢俊夫責任編集　一九七七―九六年　同朋舎出版
『萩野才兵衛昔話集』（山形）野村純一・野村敬子編　一九七〇年　自刊
『白山麓昔話集』（石川）小倉学　一九七四年　岩崎美術社
『肥後の笑話―熊本の昔話―』木村祐章編　一九七二年　桜楓社
『蒜山盆地の昔話』（岡山）稲田浩二・福田晃編　一九六八年　三弥井書店
『南蒲原郡昔話集』（新潟）岩倉市郎　一九四三年・一九七四年　三省堂
『むがす、むがす、あっとごぬ』（宮城）佐々木徳夫編　一九六九年　未來社
『老媼夜譚』（岩手）佐々木喜善　一九二七年　郷土研究社

3　民衆について考えたもの（発行年代順）

『民話を生む人々』山代巴　一九五八年　岩波新書
『ものいわぬ農民』大牟羅良　一九五八年　岩波新書
『日本残酷物語（全六巻）』一九五九―六一年　平凡社
『忘れられた日本人』宮本常一　一九六〇年　未來社
『庶民の発見』宮本常一　一九六一年　未來社

『地の底の笑い話』上野英信　一九六七年　岩波新書

4　著者による民話の再話あるいは民話を素材とした作品（絵本はのぞきました）

『信濃の民話』瀬川拓男と共編　一九五七年　未來社
『秋田の民話』瀬川拓男と共編　一九五八年　未來社
『龍の子太郎』一九六〇年　講談社（講談社文庫所収　『松谷みよ子全集』第五巻所収　講談社）
『まえがみ太郎』一九六五年　福音館書店（『松谷みよ子全集』第八巻所収　講談社）
『ちびっこ太郎』一九七〇年　フレーベル館（『松谷みよ子全集』第十五巻所収　講談社）
『日本の民話（全二巻）』一九六七―七四年　風濤社
『木やりをうたうきつね』一九七一年　偕成社（『松谷みよ子全集』第十二巻所収　講談社）
『松谷みよ子のむかしむかし（昔話三・神話二・伝説五―全十巻）』一九七三年　講談社
『日本の民話（全十二巻）』瀬川拓男と共編　一九七三―七四年　角川書店　ほか
『宮城県　女川・雄勝の民話―岩崎としゑの語り―』日本民話の会編　一九八二年　第一法規出版
『現代民話考（全十二巻）』一九八五―九六年　立風書房／二〇〇三―〇四年　ちくま文庫
『昔話十二か月（全十二巻）』一九八六年　講談社
『語りによる日本の民話1　女川・雄勝の民話―岩崎としゑの語り―』日本民話の会編　一九八七年
国土社
『狐をめぐる世間話』一九九三年　青弓社
『松谷みよ子の本　第2巻』一九九四年　講談社

『筑後ん昔ばなし』一九九八年　松谷みよ子民話研究室
『読んであげたいおはなし　松谷みよ子の民話（上）（下）』二〇〇二年　筑摩書房

本書の原本は一九七四年に小社より刊行されました。文庫化にあたり、
二〇〇五年にＰＨＰ研究所より刊行された同名書を参照しました。

松谷みよ子（まつたに　みよこ）

1926年東京生まれ。作家。坪田譲治に師事し『貝になった子供』を執筆。1956年より民話採訪に取り組む。著書に『龍の子太郎』『ちいさいモモちゃん』以降のモモちゃんシリーズ、『いないいないばあ』以降のあかちゃんの本シリーズ、『朝鮮の民話』全３巻、『私のアンネ＝フランク』『あの世からの火』『昔話十二か月』全12巻、『現代民話考』全12巻など著書多数。

講談社学術文庫

定価はカバーに表示してあります。

民話《みんわ》の世界《せかい》

松谷《まつたに》みよ子《こ》

2014年８月11日　第１刷発行

発行者　鈴木　哲

発行所　株式会社講談社

東京都文京区音羽 2-12-21 〒112-8001

電話　編集部（03）5395-3512

販売部（03）5395-5817

業務部（03）5395-3615

装　幀　蟹江征治

印　刷　豊国印刷株式会社

製　本　株式会社国宝社

本文データ制作　講談社デジタル製作部

ISBN978-4-06-292251-7

「講談社学術文庫」の刊行に当たって

これは、学術をポケットに入れることをモットーとして生まれた文庫である。学術は少年の心を養い、成年の心を満たす。その学術がポケットにはいる形で、万人のものになることは、生涯教育をうたう現代の理想である。

こうした考え方は、学術を巨大な城のように見る世間の常識に反するかもしれない。また、一部の人たちからは、学術の権威をおとすものと非難されるかもしれない。しかし、それはいずれも学術の新しい在り方を解しないものといわざるをえない。

学術は、まず魔術への挑戦から始まった。やがて、いわゆる常識をつぎつぎに改めていった。学術の権威は、幾百年、幾千年にわたる、苦しい戦いの成果である。こうしてきずきあげられた城が、一見して近づきがたいものにうつるのは、そのためである。しかし、学術の権威を、その形の上だけで判断してはならない。その生成のあとをかえりみれば、その根は常に人々の生活の中にあった。学術が大きな力たりうるのはそのためであって、生活をはなれた学術は、どこにもない。

開かれた社会といわれる現代にとって、これはまったく自明である。生活と学術との間に、もし距離があるとすれば、何をおいてもこれを埋めねばならない。もしこの距離が形の上の迷信からきているとすれば、その迷信をうち破らねばならぬ。

学術文庫は、内外の迷信を打破し、学術のために新しい天地をひらく意図をもって生まれた。文庫という小さい形と、学術という壮大な城とが、完全に両立するためには、なおいくらかの時を必要とするであろう。しかし、学術をポケットにした社会が、人間の生活にとってより豊かな社会であることは、たしかである。そうした社会の実現のために、文庫の世界に新しいジャンルを加えることができれば幸いである。

一九七六年六月　　　　野間省一